믿음으로

모든 세계가

하나님의 말씀으로 지어진 줄을
우리가 아나니

성결과 권능 시리즈 · 실천편 2

믿음으로 모든 세계가

하나님의 말씀으로 지어진 줄을 우리가 아나니

이재록 목사

우림

믿음으로 모든 세계가
하나님의 말씀으로 지어진 줄을
우리가 아나니
보이는 것은 나타난 것으로 말미암아
된 것이 아니니라

히브리서 11:3

펴내는 글

참마음과 온전한 믿음을 소유하여
권능받은 주님의 증인이 될 수 있기를 바라며

사람들은 대부분 일생을 살아가면서 자신이 사용할 수 있는 뇌 기능의 3~4%만을 사용한다고 합니다. 이런 사실에 대하여 어떤 사람들은 인간에게 잠재된 무한한 가능성을 말하기도 합니다. 그런데 역으로 생각해 보면 이는 조물주가 만들어 주신 뇌의 극히 일부만을 사용하는 인간에게는 그만큼 피조물로서 넘을 수 없는 한계가 있다는 것입니다.

그러나 우리가 참마음과 온전한 믿음을 소유할 때에 하나님께서는 어떤 불가능한 것도 가능케 하심으로 무한한 창조의 능력을 체험케 하십니다. 성경에는 시대마다 하나님께서 크게 쓰시는 믿음의 사람이 나옵니다. 모세는 믿음으로 홍해를 갈랐고, 마라의 쓴 물이 단물이 되는 역사를 보였으며, 반석을 쳐서 물을 얻는 등 수많은 믿음의 역사를 일으켰습니다(출 14:21, 15:25, 17:6).

여호수아가 이스라엘 백성과 함께 견고한 여리고 성을 무너뜨릴 수 있었던 것은 창과 칼의 힘이 아니라 믿음의 힘이었습니다. 백성은 하나님의 사람 여호수아의 명대로 순종하여 여리고 성을 7일 동안 열세 바퀴를 돌았을 뿐이지요. '적군이 화살이라도 쏘면 그대로 맞을 텐데 이런 위태로운 상황에 성 주위를 돌면 어쩌나….' 하며 불평불만하지 않았습니다. 오직 믿음으로 순종하니 굳건한 성벽이 무너졌습니다(수 6장).

성경을 보면 이 외에도 아브라함에서부터 요셉, 엘리야, 에스더, 다니엘과 세 친구 등 그들의 아름다운 믿음을 통해 많은 이들이 하나님께로 돌아왔습니다. 또 야고보, 베드로, 요한, 사도 바울, 초대교회 성도들을 통해서도 생명 다하기까지 하나님을 사랑하는 믿음을 엿볼 수 있습니다. 그들은 삶 속에서 무에서 유를 창조하는 하나님의 능력을 믿었기에 놀라운 하나님의 역사를 체험할 수 있었습니다.

어제나 오늘이나 동일하신 하나님께서는 믿음의 선진들처럼 참 믿음을 지닌 사람들을 찾아 축복하기를 원하십니다. 오늘날도 하나님을 믿고 진리 가운데 행하는 사람들에게 동일한 역사를 베푸시는 것입니다.

하지만 예수님께서 "인자가 올 때에 세상에서 믿음을 보겠느냐"(눅 18:8) 하신 대로 믿음의 정의조차 알지 못한 채 살아가는 사람들이 얼마나 많은지요. 히브리서 11장 1절에는 "믿음은 바라는 것들의 실상이요 보지 못하는 것들의 증거"라 말씀합니다. 하나님 말씀이 마음에 믿어져 그대로 행하니 바라던 것들이 실상으로 나타나고 눈에 보이지 않던 것들이 증거로 보인다는 것입니다.

우리가 이러한 믿음을 소유한다면 마가복음 9장 23절에 "할 수 있거든이 무슨 말이냐 믿는 자에게는 능치 못할 일이 없느니라" 하신 대로 불가능한 일이 없으니 무엇이 어렵고 힘들겠습니까. 더구나 우리가 성령의 능력을 힘입으면 참마음과 온전한 믿음을 소유하여 하나님의 영광을 선포하는 권능의 증인이 될 수 있습니다(행 1:8).

『믿음으로 모든 세계가 하나님의 말씀으로 지어진 줄을 우리가 아나니』는 '성결과 권능 시리즈' 두 번째 말씀입니다. 믿음의 선진들의 삶을 통해 참 믿음이 무엇인지 깨달으며, 우리 교회에 나타난 믿음의 증거들을 통해 믿음으로 행할 수 있는 지침을 얻게 될 것입니다. 무엇보다 권능을 받은 주님의 증인이 되기를 사모하는 이들에게 큰 도움이 될 것입니다.

이 책이 나오기까지 수고하신 빈금선 편집국장과 직원들에게 감사의 뜻을 전하며, 이 책을 읽는 분들마다 참 믿음을 소유하여 무엇이나 구하는 대로 응답받으며 하나님께 영광 돌리는 산 증인이 되시기를 주님의 이름으로 축원합니다.

2010년 7월

이재록 목사

글 머리에

우리가 신앙생활 하는 동안 사랑의 하나님께서는 우리의 심령이 새롭게 변화되며 영적인 믿음의 성장을 이룰 수 있도록 늘 은혜의 기회를 주십니다. 특히 부흥성회는 하나님께서 우리에게 영육간에 축복을 주고자 배설하신 천국 잔치라 할 수 있지요.

『믿음으로 모든 세계가 하나님의 말씀으로 지어진 줄을 우리가 아나니』는 2001년 5월에 열린 「제9회 이재록 목사 2주연속 특별 부흥성회」 말씀 아홉 편을 한 권의 책으로 엮은 것입니다. '성결과 권능 시리즈' 두 번째 말씀으로 참 믿음은 무엇이고, 우리의 실생활에 적용할 때 얼마나 놀라운 역사가 나타나는지 이해하기 쉽게 편집하였습니다.

첫 번째 「믿음은 바라는 것들의 실상이요 보지 못하는 것들의 증거니」 편에서는 하나님께서 원하시는 믿음의 정의와 영적인 믿음을 소유하는 방법에 대하여 나아만 장군을 통해 증거합니다. 두 번째 「하나님의 말씀대로」 편은 하나님 말씀대로 피의 제사를 드린 아벨, 온전한 성결을 이룬 에녹, 그리고 의로운 마음으로 믿음을 좇아 의의 후사가 된 노아에 대해 살펴보면서 하나님 말씀대로 행하는 믿음에 대해 제시합니다.

세 번째 「능히 죽은 자 가운데서 다시 살리실 줄로」 편에서는 믿음의 조상과 복의 근원이 되었으며 '하나님의 벗'이라는 칭함까지 얻었던 아브라함의 신앙여정을 살펴보며 하나님과의 신뢰관계가 얼마나 중요한지 깨우쳐 줍니다. 네 번째 「꿈을 이루실 줄 믿음으로」 편에서는 꿈의 사람 요셉의 삶을 통해 하나님께서 주신 축복의 약속이 이루어지기까지 믿음의 연단이 따르는 이유를 설명하여, 어떠한 상황에서도 소망을 잃지 않고 승리할 수 있는 비결을 알려 줍니다.

다섯 번째 「상 주심을 바라봄으로」 편은 애굽 왕자로서의 생활을 버리고 하나님의 백성과 함께 고난받는 길을 택했던 모세의 삶을 통해 우리가 상 주시는 하나님을 믿고 주어진 사명을 생명 다해 감당할 때에 어떠한 축복을 받는지 깨닫게 합니다. 여섯 번째 「세상이 감당치 못하는 자 1」 편에서는 엘리야, 엘리사, 에스더,

다니엘과 그의 세 친구들의 믿음의 행함을 통해 세상이 감당치 못하는 믿음의 사람이 되는 방법을 구체적으로 제시합니다.

일곱 번째 말씀인 「세상이 감당치 못하는 자 2」 편에서는 신약시대에 세상이 감당치 못할 믿음을 소유한 선진들에 대하여 소개합니다. 여덟 번째 말씀인 「구름같이 둘러싼 허다한 증인들」 편은 하나님께서 우리 교회에 나타내신 권능의 역사를 체험한 사람들의 간증을 사례별로 소개함으로 하나님께 영광 돌리는 내용입니다.

아홉 번째 「믿음으로 모든 세계가 하나님의 말씀으로 지어진 줄을 우리가 아나니」 편에서는 여덟 편의 말씀을 다시 한 번 되짚어 보면서 박해 속에서도 신앙을 지킨 초대교회 성도들처럼, 오늘날도 온전한 믿음과 사랑으로 승리해야 할 것을 당부하였습니다.

이 책을 통하여 하나님께서 기뻐하시는 온전한 믿음을 소유하여 믿음의 선진들처럼 진정 축복된 삶을 영위하며 마음껏 하나님께 영광 돌리시기를 주님의 이름으로 기원합니다.

2010년 7월

빈금선 편집국장

차 례
contents

Chapter 1

믿음은 바라는 것들의 실상이요 보지 못하는 것들의 증거니

모든 세계가 하나님의 말씀으로 지어진 줄을 믿어야

불가능이 없는 믿음의 세계

믿음으로 응답받은 문둥병자 나아만

오늘날에도 이어지는 하나님의 권능의 역사

믿음은 하나님의 능력을 끌어내리는 통로

믿음은 바라는 것들의 실상이요
보지 못하는 것들의 증거니

히브리서 11:1

새들은 깃털이나 날개, 동공 골격, 골격 구조, 호흡계, 소화계, 심장, 순환계 등을 볼 때 항공 역학적 최적 설계로 디자인된 우수 기계와 같아서 사람이 만든 어느 비행기보다 놀라운 비행 성능과 효율을 가지고 있다고 합니다.

또한 조선공학자들이 배의 속도나 무게중심, 경제성을 고려하여 연구한 결과, 배의 길이에 대한 폭의 비율이 대부분의 물고기의 비율과 같을 때 가장 적합하다고 합니다. 이러한 사실만으로도 만물은 창조주의 지혜로운 설계 아래 창조되었음을 알 수 있습니다(창 1:21).

그러므로 로마서 1장 20절에 "창세로부터 그의 보이지 아니하는 것들 곧 그의 영원하신 능력과 신성이 그 만드신 만물에 분명히 보여 알게 되나니 그러므로 저희가 핑계치 못할지니라" 말씀합니다. 우리가 창조주 하나님을 믿으면 불가능한 것이 없습니다. 마스터키를 가지고 있으면 모든 문을 열 수 있듯이, 참 믿음을 가지면 아무리 막막하고 불가능해 보이는 현실에서도 하나님 능력을 끌어내 한 순간에 모든 문제를 해결할 수 있는 것입니다.

과연 믿음이란 무엇이며, 믿음에는 어떤 역사가 따르는지 구체적으로 살펴보겠습니다.

모든 세계가 하나님의 말씀으로 지어진 줄을 믿어야

예전에 천문학 분야에서 세계적으로 인정받는 우리나라 어느 대학 교수님이 진화론의 허구성을 설명하기 위해 이런 비유를 드는 것을 보았습니다. 어느 날, 폭풍이 불어 자동차 공장이 몽땅 하늘로 날아갔다고 가정해 봅시다. 자동차는 수만 개의 부품으로 구성되어 있는데, 얼마 후에 하늘에서 그 부품들이 떨어지면서 저절로 결합하여 완성된 자동차 한 대가 나왔습니다.

과연 이 말이 믿어지십니까? 바로 인간과 같은 지적인 생명체가 우연히 만들어질 확률이 실제로는 이보다 훨씬 힘든 일인데도 많은 사람이 진화론을 믿고 있으니 참으로 안타까운 일입니다.

아무리 간단한 나사못 하나라 해도 분명히 만든 사람이 있게 마련인데 하물며 이와 비교할 수 없을 만큼 복잡한 생물이나 우주가 어떻게 우연히 만들어질 수 있겠습니까. 다행히 과학이 발달할수록 점점 진화론의 허구성이 드러나는 한편, 태양계를 비롯한 우주와 모든 생명체가 얼마나 정교하게 만들어졌는지 밝혀지고 있습니다.

그렇다면 창조주 하나님은 어떻게 그처럼 광대한 우주와 만물을 만드셨을까요? 히브리서 11장 3절에 "믿음으로 모든 세계가 하나님의 말씀으로 지어진 줄을 우리가 아나니 보이는 것은 나타난 것으로 말미암아 된 것이 아니니라" 말씀합니다. 즉 하나님께서 아무것도 없는 무(無) 상태에서 말씀으로 천지 만물을 창조하신 것입니다. 우리가 마음 문을 열면 그 증거들을 얼마든지 쉽게 찾아볼 수 있습니다.

지구상에는 여러 인종이 살고 있는데 피부색에 관계없이 모두 눈이 두 개, 귀도 두 개, 코는 하나, 입도 하나이면서 그 위치가 모두 같습니다. 수많은 종류의 동물을 보아도 그렇습니다. 동물의 특성에 따라 약간씩 차이는 있지만 대부분 구조와 위치가 같은 것을 볼 수 있지요.

코끼리의 코가 길다고 해서 턱 밑에 있는 것이 아니라 사람과 같이 눈 밑, 입 위, 얼굴 중앙에 있습니다. 창공을 자유롭게 날아다니는 각종 새들과 바다에 사는 물고기, 수많은 종류의 곤충들도 무리의 법칙에 따라 약간의 예외는 있겠지만 역시 마찬가지입니다.

음식을 먹고 배설하는 과정은 어떻습니까? 사람이나 지상의 동물, 하늘의 새나 바다의 물고기 모두 음식이 입으로 들어가 소화기관을 거쳐서 배설기관을 통해 나옵니다. 이처럼 구조와 위치가 동일하다는 것은 창조주가 여럿이 아니라 한 분이며 그의 설계에 의해 계획되고 만들어졌다는 증거입니다.

어찌 이것이 우연히 이루어질 수 있겠으며, 수천만 종이 넘는 생명체가 진화에 의해서 동일한 구조와 기능을 가질 수 있겠습니까? 말씀을 통해 창조주 하나님을 더욱 가까이 느끼며 하나님께서 원하시는 온전한 믿음의 차원에 이르시기 바랍니다.

불가능이 없는 믿음의 세계

히브리서 11장 1절에 "믿음은 바라는 것들의 실상이요 보지 못하는 것들의 증거"라 말씀합니다. 즉 마음에 품고 바라는 것이 실상이 되고 현실에 보이지 않던 것이 증거로 나타나는 것, 이것이 바로 하나님께서 말씀하시는 영적인 믿음입니다. 다시 말하면, 할 수 없는 중에 하는 것, 가질 수 없는 것을 가지는 것, 이루지 못하는 것을 이루는 것이 하나님께서 인정하시는 믿음이라는 것입니다.

오늘날은 지식에 지식을 더하여 예전에는 상상할 수 없었던 일들이 가능하니 마치 사람의 힘으로 안 될 일이 없을 것처럼 생각하기도 합니다. 그러나 아무리 과학과 의학이 발달해도 오히려 사람의 능력으로 할 수 없는 일은 점점 늘어나고 있습니다. 질병이나 장애의 문제만 해도 그렇습니다. 물론 치료법이 개발된 질병들도 많지만 더불어 신종 질병이 자꾸 생겨나니 여전히 난치병, 불치병으로 하루에도 수많은 사람이 죽어갑니다.

당장 5분 후에 불의의 사고나 재난으로 죽는다 해도 그것을 알 수도 막을 수도 없는 존재가 바로 사람이지요. 게다가 부귀와 명예를 누리다가도 순간에 모든 것을 잃기도 합니다. 이처럼 사람의 한계 안에서는 불가능한 일들이 너무나 많습니다.

자기가 원하는 대로 할 수 있다면 세상에 어느 누가 질병으로 고통받으며 가난하게 살겠습니까? 사람의 능력 밖에 있는 것은 하지 못하고 한계에 부딪히면 주저앉을 수밖에 없는 것이 바로 우리가 살고 있는 육의 세계입니다. 아무리 바라는 것이 있다 해도 사람의 한계를 넘어서면 이룰 수 없는 것이 육의 세계라는 것이지요.

그러나 믿음의 세계는 이와 전혀 다릅니다. 믿음의 세계는 4차원의 영의 세계로서 바랄 수 없는 것을 바람으로 그것이 실상으로 나타나는 세계요, 보이지 않는 것들이 증거로 나타나는 세계입니다. 세상에서는 수학적 개념으로 1차원은 점(點), 2차원은 선(線), 3차원은 면(面), 4차원은 입체(立體)로 말합니다. 그러나 신앙 안에서 차원의 분류 기준은 이와 다릅니다.

호흡도 못하고 움직이지도 못하는 돌멩이, 흙 등은 무차원, 호흡은 하지만 스스로 움직이지 못하는 식물은 1차원, 호흡도 하고 움직이기도 하나 영이 없는 동물은 2차원, 호흡도 하고 움직이기도 하며 영이 있는 우리 사람은 3차원이라고 합니다. 여기까지는 육의 세계이지요.

이와는 달리 눈에 보이지 않으나 분명히 존재하는 영의 세계를 4차원이라 합니다. 영안(靈眼)이 열리면 영의 세계를 볼 수 있고, 영의 귀가 열리면 영적인 존재들의 소리를 들을 수 있습니다. 육의 세계는 불가능한 것들이 많지만 영의 세계는 현실과는 상관이 없으며 한계나 불가능이 없는 무한한 세계입니다.

이처럼 믿음의 세계는 육의 한계를 넘어서는 것이며 현실로는 도저히 불가능한 것을 가능케 합니다. 이는 내가 하는 것이 아니요, 전지전능하신 하나님의 능력으로 역사되는 세계이기 때문이지요. 그러므로 마가복음 9장 23절에 “할 수 있거든이 무슨 말이냐 믿는 자에게는 능치 못할 일이 없느니라” 말씀합니다.

성경에는 불가능이 없는 믿음의 세계가 있음을 우리가 믿고 체험할 수 있도록 수많은 증거들이 기록되어 있습니다. 어떠한 사람들이 믿음의 세계를 체험할 수 있었으며, 하나님께서는 그들의 어떤 모습을 믿음으로 인정하고 응답과 축복의 길로 인도하셨는지도 잘 나와 있습니다. 열왕기하 5장에 나오는 나아만 장군이 좋은 예입니다.

믿음으로 응답받은 문둥병자 나아만

나아만은 아람 나라의 군대 장관으로서 왕 다음가는 위치에서 많은 것을 누렸지만 안타깝게도 문둥병에 걸리고 말았습니다. 불치의 병에 걸리고 보니 자신이 가진 부와 명예와 권세도 아무런 소용이 없었지요.

병을 고치기 위해 자신이 가진 모든 것을 총동원해 보았을 것입니다. 좋다는 약은 다 먹어 보았을 것이고 유명하다는 의사는 다 찾아가 보았겠지요. 또한 우상 앞에 열심히 제물을 바치며 구해 보기도 했을 것입니다. 하지만 무엇으로도 문둥병을 고칠 수가 없었습니다. 그것은 사람의 한계를 넘어서는 일이었던 것입니다.

오늘날에도 불치의 병으로 나아만 장군처럼 모든 수단과 방법을 동원해 보지만 결국 해결하지 못한 채 포기하고 마는 사람들이 얼마나 많습니까? 그러나 전지전능하신 하나님 앞에 겸비한 마음으로 간구하면 하나님의 능력으로 깨끗이 치료해 주십니다.

나아만 역시 이러한 상황에 처했을 때에 하나님께서는 그에게 은총을 베푸셨습니다. 사람의 방법으로는 도저히 치료할 수 없었던 그가 하나님의 능력으로 단번에 치료받게 된 것입니다. 누가복음 4장 27절을 보면 예수님께서 "또 선지자 엘리사 때에 이스라엘에 많은 문둥이가 있었으되 그중에 한 사람도 깨끗함을 얻지 못하고 오직 수리아 사람 나아만뿐이니라" 말씀합니다.

그 당시 하나님을 믿는다는 이스라엘 사람 중에도 문둥병에 걸린 사람이 많이 있었지만, 그들은 아무도 치료를 받지 못한 반면에 이방인인 나아만은 치료를 받았다는 것입니다.

그렇다면 왜 하나님을 믿는 이스라엘 백성은 응답받지 못했는데, 하나님을 믿지 않던 나아만은 응답받은 것일까요?

나아만은 마음이 선한 사람이었습니다.

앞서 설명한 대로 나아만은 아람 나라의 왕 다음가는 자리에 있던 사람입니다. 대부분의 사람들은 높은 자리에 있으면 마음까지 높아져서 다른 사람들의 말을 잘 들으려 하지 않습니다. 그런데 나아만은 보잘것없는 계집종의 말 한마디도 업신여기지 않는 선한 사람이었습니다. 전쟁 중에 이스라엘 땅에서 포로로 잡아 온 계집종 하나가 "사마리아에 있는 선지자 앞에 나가면 문둥병을 고칠 것이라" 전하는 말을 듣고서 나아만은 하나님의 사람 엘리사 앞에 나왔던 것입니다.

오늘날 "하나님은 살아 계십니다. 하나님 앞에 믿음으로 나오면 무엇이나 응답해 주십니다."라고 전도하지만 들은 척도 하지 않는 사람이 얼마나 많습니까. 또한 "천국과 지옥이 있습니다. 심판이 있습니다. 예수 그리스도를 믿지 않으면 지옥에 갑니다."라고 아무리 외쳐도 대부분 외면합니다.

더욱이 지위가 높고 가진 것이 많은 사람일수록 전도자의 말에 귀를 기울이지 않습니다. 그러나 나아만은 매우 높은 위치에 있었음에도 작은 계집종의 말을 듣고 하나님의 선지자를 만나기 위해 이스라엘 땅으로 갔던 것입니다.

나아만은 하나님 앞에 정성을 다해 준비했습니다.

열왕기하 5장 5절을 보면 나아만이 병을 고치기 위해 은 십 달란트와 금 육천 개와 의복 열 벌을 가지고 떠났다 했습니다. 수천 년 전의 화폐가치를 오늘날의 기준으로 정확하게 환산할 수는 없지만 적어도 수억 원에 상당할 것입니다.

아람의 군대 장관이라는 위치에 맞게 정성을 다하여 예물을 준비했습니다. 마태복음 6장 21절에 "네 보물 있는 그 곳에는 네 마음도 있느니라" 말씀하신 대로 나아만은 치료받고자 하는 자신의 간절한 마음과 정성을 예물에 담아 왔던 것입니다.

저 역시 하나님을 만난 이후로 지금까지 하나님 앞에 빈손으로 나온 기억이 없습니다. 하나님을 믿고 처음 참석한 부흥성회 때 강사님으로부터 하나님 앞에 빈손으로 가는 것이 아니라는 말씀을 들은 후로 모든 예배 때마다 정성 다해 하나님께 예물을 드려 왔습니다. 모든 것의 주인이신 하나님께서는 제가 드린 것을 받기만 하지 않으시고 항상 누르고 흔들어 넘치도록, 혹은 30배, 60배, 100배로 되돌려 주셨습니다.

나아만은 하나님 앞에 나올 때 심지도 않고 거두겠다거나 자신이 심은 것 이상을 바라는 요행의 마음이 아니라, 정녕 응답받겠다는 간절한 마음으로 정성을 다해 예물을 준비하였습니다. 하나님께서는 모든 만물의 주인이시니 무엇이 부족하여 심으라는 것이 아닙니다. 예물에 담긴 마음을 믿음으로 받으시고 심은 대로 거두도록 역사하시기 위함입니다.

나아만은 하나님의 말씀에 그대로 순종했습니다.

나아만 장군이 계집종의 말을 듣고 정성을 다해 예물까지 준비하여 하나님의 사람 엘리사 선지자를 찾아왔을 때에 전혀 뜻밖의 상황에 맞닥뜨립니다. 병든 몸을 이끌고 멀리에서 찾아왔건만 엘리사 선지자는 얼굴도 보이지 않습니다. 명색이 대국의 군대장관인데 다만 사환을 시켜서 "요단 강 물에 일곱 번 몸을 씻으면 문둥병이 나을 것"이라고 전하기만 하는 것입니다.

나아만은 엘리사가 맨발로 달려나와 영접하지는 못할망정 대문이라도 열고 맞이할 줄로 알았습니다. 뿐만 아니라 엘리사 선지자가 직접 손이라도 얹고 기도해 줄 것으로 기대했는데 얼굴조차 보이지 않고 강물에 몸을 씻으라고만 전하니 얼마나 서운했겠습니까.

"내 생각에는 저가 내게로 나아와 서서 그 하나님 여호와의 이름을 부르고 당처 위에 손을 흔들어 문둥병을 고칠까 하였도다 다메섹 강 아마나와 바르발은 이스라엘 모든 강물보다 낫지 아니하냐 내가 거기서 몸을 씻으면 깨끗하게 되지 아니하랴"(왕하 5:11~12)

게다가 이스라엘에 있는 요단 강은 아람 나라에 있는 강들에 비하면 보잘것없어 보이는 강이었기 때문에 나아만의 입에서는 이런 말이 절로 나옵니다.

육의 한계를 가진 그로서는 엘리사 선지자의 말이 믿어지지가 않았고, 오히려 자신을 우습게 보는 것 같다는 생각이 들어 자기 나라로 돌아가려고 합니다. 만일 나아만이 그냥 자기 나라로 돌아가 버렸다면 결과는 어떻게 되었을까요? 결코 치료받지 못했을 것입니다.

나아만이 화가 나서 자기 나라로 돌아가려 하자 그 종들이 "내 아버지여 선지자가 당신을 명하여 큰일을 행하라 하였더면 행치 아니하였으리이까 하물며 당신에게 이르기를 씻어 깨끗하게 하라 함이리이까"(왕하 5:13) 하며 만류합니다.

잔뜩 화가 나 있는 나아만에게 주변에 있던 종들이 아버지라 부르며 권면의 말을 할 수 있었다는 것은 그가 평소 어떤 사람이었는지 잘 알 수 있게 해 줍니다. 비록 종이라 해도 친자녀처럼 사랑과 덕으로 대해 주었으리라는 짐작이 가는 것입니다.

나아만은 생각지도 않은 상황에 부딪혀서 잠시 마음이 상했으나 이내 그 마음을 돌이켰습니다. 이처럼 내 생각에 도저히 맞지 않는다 해도 하나님 말씀에 따라 그대로 순종해야 하나님의 역사를 체험할 수 있습니다.

이런 선한 마음을 가졌기에 나아만은 비록 엘리사의 말이 자신의 생각에는 맞지 않았지만 이내 아랫사람들의 말을 듣고 마음을 돌이켜 순종할 수 있었지요.

나아만은 끝까지 변개함이 없었습니다.

엘리사 선지자는 나아만에게 요단 강에 몸을 일곱 번 씻으라 했는데, 그 이유는 무엇일까요? 여기에는 영적인 의미가 담겨 있습니다. 일곱이라는 숫자는 완전함을 뜻하는 완전수이며, 물은 하나님의 말씀을 뜻하지요. 그러므로 요단 강물에 일곱 번 씻는다는 것은 곧 하나님의 말씀에 온전히 순종한다는 의미입니다. 결국 나아만은 중도에 포기하지 않고 온전히 순종하여 하나님의 역사를 체험하였습니다.

이러한 과정에서 나아만은 "아랫사람들이 보는 데서 강물에 들어갔다 나왔다 일곱 번이나 반복하다니 내 체면이 말이 아니네.", "만일 낫지 않을 경우, 우리나라로 돌아가서 아랫사람들이 소문이라도 퍼뜨리면 어떻게 하나?" 이런 생각을 하지 않았습니다.

종들의 권유를 받아들여 엘리사 선지자가 지시한 대로 한 번, 두 번, 세 번… 요단 강에 몸을 잠갔습니다. 일곱 번째까지 몸을 잠근 후에 보니 놀랍게도 문둥병이 치료되어 피부가 어린아이의 살결같이 깨끗해져 있었습니다.

엘리사가 나아만에게 전한 말은 육의 한계를 가진 사람의 말이 아니라 능치 못할 것이 없으신 하나님을 대신하여 명한 것이었습니다. 따라서 엘리사의 말에 순종한 것은 곧 하나님께 순종한 것이었지요. 이러한 순종의 행함이 바로 믿음입니다.

나아만은 끝까지 변함없이 순종하여 행했고, 이것을 믿음으로 인정받은 것입니다. 그 믿음의 결과로 나아만이 바라던 것이 실상으로 나타났으며 보이지 않던 것이 눈에 보이는 증거로 나타났습니다. 이처럼 하나님 말씀을 믿고 끝까지 변함없이 순종하는 것이 응답의 열쇠입니다.

나아만은 은혜를 갚을 줄 아는 사람이었습니다.

우리가 나아만을 통해 또 한 가지 깨달아야 할 것은 바로 응답받은 후의 모습입니다. 누가복음 17장 17절을 보면 예수님께서 열 사람의 문둥병자를 치료해 주셨는데 그중에 단 한 사람만이 와서 사례를 합니다. 그러자 예수님께서는 "열 사람이 다 깨끗함을 받지 아니하였느냐 그 아홉은 어디 있느냐" 하고 물으셨습니다.

오늘날에도 수많은 사람이 "치료받으면 생명을 다해 충성하겠습니다.", "치료받으면 하나님 앞에 이렇게 저렇게 하겠습니다." 하며 약속합니다. 그러나 막상 치료받고 나면 대부분 세상을 향해 떠나고 맙니다.

반면 나아만은 그렇지가 않았습니다. 치료받은 후에 그냥 자기 나라로 떠나 버린 것이 아니라 자신과 함께 온 사람들을 모두 거느리고 다시 엘리사 앞에 나아와 감사의 표시를 합니다.

"내가 이제 이스라엘 외에는 온 천하에 신이 없는 줄을 아나이다 청컨대 당신의 종에게서 예물을 받으소서"(왕하 5:15)

천지 만물의 창조주이신 여호와 하나님만이 참 신이심을 고백한 것입니다. 그에게 율법을 가르친 사람도 없었고, 여호와 하나님에 대해 전한 적도 없습니다. 그러나 하나님의 사람 엘리사의 말에 순종한 결과로 자신의 몸이 깨끗해진 체험을 통해 이스라엘의 하나님 여호와만이 참 신이심을 확실히 믿게 된 것입니다. 이처럼 마음이 선한 사람은 단 한 번의 체험만으로도 보이지 않지만 분명히 실존하시는 하나님을 믿고 섬깁니다.

나아만은 즉시로 하나님을 인정하고 하나님만 섬기겠다고 다짐하는 것을 볼 수 있습니다(왕하 5:17). 그러나 자신은 왕에게 속한 자로서 다시 본국으로 돌아가면 왕과 함께 우상 앞에 나가야 할 경우가 생기기 때문에 이 일에 대해서만은 하나님께 미리 용서를 구하지요.

"오직 한 가지 일이 있사오니 여호와께서 당신의 종을 사유하시기를 원하나이다 곧 내 주인께서 림몬의 당에 들어가 거기서 숭배하며 내 손을 의지하시매 내가 림몬의 당에서 몸을 굽히오니 내가 림몬의 당에서 몸을 굽힐 때에 여호와께서 이 일에 대하여 당신의 종을 사유하시기를 원하나이다"(왕하 5:18) 했던 것입니다.

그가 림몬이라는 우상 앞에 나가는 일은 아람이라는 나라를 떠나거나 군대 장관의 지위를 그만두지 않는 한 어쩔 수 없는 일이기 때문입니다. 이처럼 베풀어 주신 하나님의 은혜에 감사할 줄 알고 한 번 만난 하나님을 배신하지 않는 선한 중심을 가진 나아만이었기에 하나님께서는 이방인인 그를 택하여 영광을 받으셨던 것입니다.

오늘날에도 이어지는 하나님의 권능의 역사

이 밖에도 성경에는 믿음으로 자신이 바라던 것을 실상으로 얻은 사람들이 많이 있습니다. 마가복음 10장에 나오는 소경 거지 바디매오도 그러했지요.

그는 수많은 표적과 기사를 베푸시는 예수님이 지나가신다는 소리를 듣자 즉시 예수님께 나아왔습니다. 거지에게 있어서 가장 중요한 재산 1호라 할 수 있는 겉옷까지 버린 채 말입니다. 여기서 겉옷을 버렸다는 것은 영적으로 자신의 더러운 죄를 벗는다는 뜻입니다. 하나님 앞에 나와 응답을 받으려면 자신의 죄를 회개하고 벗어 버리는 믿음의 행함이 있어야 하기 때문입니다.

예수님 앞에 나온 바디매오는 "네게 무엇을 하여 주기를 원하느냐?" 물으시자 "보기를 원하나이다" 하고 분명히 대답하였습니다. 소경이라면 당연히 눈을 뜨기 원한다는 사실은 묻지 않아도 알 수 있는데 예수님께서 굳이 물으신 것은 믿음의 고백을 듣기 원하셨기 때문입니다.

이처럼 하나님 앞에 나아와 자신의 원하는 바를 직접 기도하여 구하는 행함이 바로 믿음입니다. 바디매오의 믿음을 통해 사람의 방법으로는 어찌할 수 없는 상황에서 그토록 바라던 것이 실상으로 이루어졌고 보이지 않던 것이 현실의 증거로 나타났던 것입니다.

이런 일들은 수천 년 전 구약 시대의 선지자를 통해서나 예수님 당시에만 있었던 일이 아닙니다. 히브리서 13장 8절에 "예수 그리스도는 어제나 오늘이나 영원토록 동일하시니라" 말씀하신 대로 이 시대에도 동일한 역사가 일어날 수 있는 것입니다.

우리 교회에도 사람의 한계로는 도저히 죽을 수밖에 없는 사람들, 평생 장애의 몸으로 살아갈 수밖에 없는 사람들이 믿음을 내보였을 때 치료되는 역사가 나타났습니다. 전신 3도 화상을 입고 죽을 수밖에 없는 사람이나 그 밖에 크고 작은 화상을 입은 무수한 사람들이 제 기도를 받은 후 소독약 한 번 바르지 않고도 깨끗하게 치료되었습니다. 아무리 큰 화상을 입었더라도 흉터 하나 남지 않았습니다.

또한 교통사고나 각종 사고로 평생 휠체어 신세를 져야 하는 이들이 믿음으로 기도받은 후 휠체어를 버리고 목발을 버린 사례도 많습니다. 뇌출혈 혹은 급체로 의식을 잃고 몸이 굳어 가던 사람들이 기도받고 그 자리에서 일어나는 일은 일일이 다 간증할 수 없을 정도입니다.

각종 암이나 불치병 환자들이 한 번, 혹은 두세 번의 기도로 깨끗이 치료받았습니다. 소아마비로 짧았던 다리가 믿음으로 기도받자 4㎝, 또는 5㎝, 8㎝씩 길어져서 정상이 된 경우도 있습니다. 휘었던 뼈가 펴지고 부러진 뼈가 붙으며 끊어진 힘줄이 연결된 분들도 많지요. 직접 안수할 때는 물론, 예배 때마다 단에서 전체 환자를 위해 기도할 때에도 크고 작은 각종 질병을 치료받아 영광 돌리고 있습니다.

뿐만 아니라 화상을 통해 우리 교회와 동시 예배를 드리고 있는 지성전 및 전국의 지교회, 그리고 인터넷으로 드리는 예배를 통해서도 질병을 치료받고 문제를 해결받았다는 간증이 끊이지 않습니다. 어떻게 이런 일이 가능하겠습니까? 제가 기도할 때에 하나님의 권능과 치료의 광선이 믿음을 가진 분들에게 정확하게 찾아가 역사하기 때문입니다.

저는 세계 여러 나라에서 수십만 혹은 수백만 명이 참석한 대형 연합집회를 인도했습니다. 종합운동장이나 공원, 해변 등에서 성회가 열려 인산인해를 이루었는데 그중에는 얼마나 많은 환자가 있었겠습니까? 그래서 일일이 안수하지 못하고 단상에서 전체를 위해 몇 분간 기도해 주었습니다. 그런데도 암이나 풍토병 등 각색 질병들이 치료되었으며, 귀신들린 사람이 정상이 되고, AIDS(에이즈)를 치료받았다는 간증도 여러 건 접수되었지요.

그들에게 아직 영적인 믿음은 없었지만, 하나님께서는 그 자리에 참석한 것만으로도 믿음으로 보고 응답해 주신 것입니다. 더구나 영적인 믿음을 갖고 기도를 받으면 나아만 장군과 소경 거지 바디매오처럼 질병이나 연약함을 치료받을 수 있음은 물론 모든 인생의 문제들도 해결받을 수 있습니다.

믿음은 하나님의 능력을 끌어내리는 통로

흔히 믿음이 있다 하면서도 막상 어려운 현실에 부딪히면 "나는 안 돼. 할 수 없어. 저건 믿음 좋은 사람들에게나 해당되는 거야." 이런 부정적인 고백들을 합니다.

그러나 진정 하나님을 믿는다면 믿음의 역사는 우리에게도 동일하게 일어납니다. 믿음은 나와 하나님을 연결하는 끈과 같고, 하나님의 능력을 끌어내리는 통로이기 때문입니다. 내 힘으로 하려고 하면 현실에 막혀 불가능하지만, 믿음이 있으면 전능하신 하나님께서 하시도록 맡겨 드리므로 불가능이 없습니다.

참으로 믿음이 있다면 마가복음 16장 17~18절에 말씀하신 '믿는 자들에게 따르는 표적'이 나타납니다. 마태복음 21장 22절에 "너희가 기도할 때에 무엇이든지 믿고 구하는 것은 다 받으리라"는 말씀처럼 하나님 앞에 믿고 구한 것은 반드시 응답이 오지요. 만일 "믿습니다." 하는데도 응답이 없다면 과연 영적인 믿음인지 아니면 육적인 믿음인지 스스로 점검해 보아야 하는 것입니다.

육적인 믿음이란 죽은 믿음 또는 지식적인 믿음입니다. 마음 중심에서 믿어지는 믿음이 아니라 단지 머리에 지식으로만 알고 있는 것에 불과합니다. 자신의 이론이나 생각에 맞고 유(有)에서 유(有)가 만들어지는 것은 믿지만, 자신의 이론과 생각의 한계를 넘어서며 무(無)에서 유(有)가 만들어지는 것은 믿지 못하는 것입니다.

입술로는 "믿습니다."라고 말할 수 있어도 실제 마음에서는 믿어지지가 않는 것이지요. 그러니 지식적인 믿음을 가진 사람은 막상 사람의 한계를 넘는 문제가 닥쳐오면 그것을 해결할 수 없습니다. 하나님의 능력으로 불가능이 없다는 것을 수없이 보고 들어서 알지만 그것이 자신에게는 적용이 안 되는 것입니다.

그러나 머리로만 알고 있는 믿음과는 달리 진정 마음에서 믿어지는 믿음이 있는데 이것을 산 믿음, 영적인 믿음이라 합니다. 하나님께서 우리에게 원하시는 믿음이 바로 영적인 믿음입니다.

영적인 믿음을 가진 사람에게는 마가복음 11장 24절에 "그러므로 내가 너희에게 말하노니 무엇이든지 기도하고 구하는 것은 받은 줄로 믿으라 그리하면 너희에게 그대로 되리라"는 말씀이 이루어집니다. 이러한 영적인 믿음 앞에서는 어떤 것도 문제될 것이 없습니다. 하나님을 믿음으로 인해 나에게도 불가능이 없는 영의 세계가 그대로 적용되기 때문입니다.

그런데 자신은 믿음으로 구한다고 하는데도 응답이 되지 않는 경우가 있습니다. 야고보서 4장 3절에 "구하여도 받지 못함은 정욕으로 쓰려고 잘못 구함이니라" 말씀한 대로 정욕으로 쓰려고 구하는 경우입니다. 정욕을 위해 구하는 자체가 벌써 하나님 보시기에 믿음이 아니며 아직 응답받을 만한 그릇 준비가 안 되었기에 이런 사람은 아무리 믿음을 내보인다 해도 하나님께서 결코 주실 수 없습니다.

믿음은 그저 입술로만 "믿습니다." 하는 것이 아니라 증거가 나타나야 합니다. 믿음은 도저히 할 수 없는 것을 하는 것이고, 바랄 수 없는 것이 이루어지는 것입니다. 앞이 보이지 않는 상황에서 해결의 길이 밝히 보이는 것이 믿음입니다. 또한 성경 66권 말씀을 그대로 믿는 것입니다. 현실을 바라본다면 중도에 의심하고 포기할 수밖에 없는 일들이 많지만 믿음은 현실을 보는 것이 아닙니다. 앞으로 나타날 실상을 바라는 것이기에 어떠한 상황에도 끝까지 변함이 없습니다.

그러므로 로마서 4장 20절에 "믿음이 없어 하나님의 약속을 의심치 않고 믿음에 견고하여져서 하나님께 영광을 돌리며" 말씀한 대로 한 번 만난 하나님, 어제나 오늘이나 영원토록 변함없으신 능력의 하나님을 온전히 믿으심으로 범사에 믿음의 증거가 나타나기를 바랍니다.

Chapter 2

하나님의 말씀대로

믿음으로 의로운 자가 된 아벨

믿음으로 의롭게 되기까지

말씀에 순종하는 것이 축복의 지름길

하나님을 기쁘시게 하는 증거를 받은 에녹

믿음을 좇아 의의 후사가 된 노아

믿음으로 아벨은 가인보다
더 나은 제사를 하나님께 드림으로
의로운 자라 하시는 증거를 얻었으니
...
믿음으로 노아는
아직 보지 못하는 일에 경고하심을 받아
경외함으로 방주를 예비하여 그 집을 구원하였으니
이로 말미암아 세상을 정죄하고
믿음을 좇는 의의 후사가 되었느니라

히브리서 11:4~7

싱가포르의 새(鳥) 공원에 있는 홍학은 세계에서 가장 예쁜 연분홍 깃털을 가졌다고 합니다. 이는 홍학이 연분홍빛 물을 보고 마시며, 그 물 속에 있는 고기를 먹고 살기 때문이라고 하지요. 무엇을 바라보느냐에 따라 외모도 달라지듯이 우리의 믿음도 마찬가지입니다.

현실로는 바랄 수 없는 것을 바라고 그것을 실상으로 얻기까지는 반드시 믿음의 과정이 필요합니다. 무조건 말로만 "믿습니다." 한다고 하나님의 역사가 나타나는 것이 아닙니다. 그 고백이 참이라는 사실을 하나님 앞에 나타내 보이는 과정이 필요하지요. 이 과정을 한 마디로 말하자면 '하나님 말씀대로 행하는 것'이라 할 수 있습니다.

우리가 바라는 것에서 출발하여 실상이라는 목적지에 도착하기까지에는 하나님 말씀이라는 길을 잘 따라가야 합니다. 하나님 말씀이라는 길을 바르게 따라가기만 하면 믿음의 결과인 응답이 주어지는 것입니다. 이러한 말씀의 길을 잘 따라가 믿음으로 응답받은 사람이 성경에는 많이 나옵니다. 그중에 아벨과 에녹과 노아를 들 수 있습니다. 그들은 믿음으로 하나님 앞에 의로운 자, 하나님을 기쁘시게 하는 자, 믿음을 좇는 의의 후사라 인정받았습니다.

과연 그들은 하나님 앞에 어떠한 모습이었기에 인정받을 수 있었을까요?

믿음으로 의로운 자가 된 아벨

아벨은 아담과 하와가 하나님 말씀에 불순종하여 에덴동산에서 쫓겨난 후 이 땅에서 낳은 아들입니다. 하나님 말씀을 어긴 결과 에덴동산에서 이 땅으로 쫓겨나야 했던 아담과 하와는 자녀들에게 하나님 말씀을 철저하게 가르쳤습니다. 특히 죄를 지었을 때 사함받기 위해서는 하나님 앞에 반드시 짐승을 잡아 피의 제사를 드려야 함을 누누이 가르쳤지요.

로마서 6장 23절에는 "죄의 삯은 사망"이라는 영계의 법이 나옵니다. 죄를 지으면 결과는 사망, 즉 지옥에서 영원히 고통을 당한다는 것이지요. 여기서 죄는 하나님께서 "하지 말라" 하신 것을 하는 것, 또 "하라" 하신 것을 하지 않는 것, "지키라" 하신 것을 지키지 않는 것, "버리라" 하신 것을 버리지 않는 것 등 하나님 말씀에 어긋난 모든 것을 말합니다.

히브리서 9장 22절에 "율법을 좇아 거의 모든 물건이 피로써 정결케 되나니 피 흘림이 없은즉 사함이 없느니라" 말씀합니다. 그래서 구약 시대에는 죄를 지었을 때 짐승을 희생 제물로 삼아 그 피를 제단에 드림으로써 죗값을 대신했습니다.

그런데 세월이 흐르자 아벨의 형 가인은 하나님 말씀대로 순종하지 않고 변개하여 자기 생각에 좋을 대로 땅의 소산 곧 농작물을 제물로 삼아 제사를 드렸습니다. 그러나 아벨은 하나님 말씀대로 순종하여 피의 제물 곧 양의 첫 새끼와 그 기름으로 제사를 드렸지요.

하나님께서는 말씀대로 제사를 드린 아벨과 그의 제물은 받으셨지만, 가인과 그의 제물은 열납하지 않으셨습니다. 이 때문에 가인은 동생 아벨을 시기하여 기회를 엿보다 죽이고 맙니다. 이에 대해 히브리서 11장 4절에 "믿음으로 아벨은 가인보다 더 나은 제사를 하나님께 드림으로 의로운 자라 하시는 증거를 얻었으니 하나님이 그 예물에 대하여 증거하심이라 저가 죽었으나 그 믿음으로써 오히려 말하느니라" 말씀합니다.

믿음으로 의롭게 되기까지

그렇다면 신약 시대에는 어떻게 해야 우리의 죗값을 대신할 수 있을까요?

신약 시대에는 더 이상 피의 제사를 드릴 필요가 없습니다. 예수님께서 모든 인류의 죄를 대신 지고 십자가에 못 박혀 죽으심으로 단번에 우리 죄를 사하셨기 때문입니다. 그래서 누구든지 예수님을 믿고 구세주로 영접하면 보혈의 공로로 죄 사함받아 더 이상 "죄의 삯은 사망"이라는 법에 매이지 않고 구원받게 된 것입니다. 사도행전 4장 12절에 "다른 이로서는 구원을 얻을 수 없나니 천하 인간에 구원을 얻을 만한 다른 이름을 우리에게 주신 일이 없음이니라" 말씀합니다. 오직 예수님만이 구세주로서의 온전한 자격을 갖추셨기 때문입니다.

구세주가 되기 위한 첫 번째 조건은 사람이어야 합니다. 첫 사람 아담의 범죄로 인해 인류에게 죄가 들어오고 그 결과 모든 사람이 사망의 길로 가게 되었으므로 사망의 길에서 인류를 구해내는 것도 사람이어야 하는 것입니다(고전 15:21). 그런데 예수님은 말씀이신 하나님께서 사람의 몸을 입고 이 땅에 오셨기 때문에 사람이어야 한다는 구세주의 자격을 갖추셨습니다(요 1:1, 14).

또한 아담의 후예가 아니어야 합니다. 아담이 하나님 말씀을 어기고 죄를 범한 뒤부터 그 죄성이 부모의 기를 타고 후세에 전해져 모든 사람이 죄인이 되었습니다. 이런 죄성을 원죄라고 하는데, 예수님은 사람이면서도 원죄를 가진 아담의 후예가 아니었습니다. 남자의 정자와 여자의 난자가 결합되어 잉태된 것이 아니기 때문입니다. 바로 동정녀 마리아에게 성령으로 잉태되어 나신 것입니다(마 1:20).

구세주가 되려면 힘이 있어야 합니다. 이는 영적인 힘으로서 죄가 없는 데서 오는 힘입니다. 예수님은 아담의 후예가 아니므로 원죄가 없으실 뿐 아니라 사는 동안 온전히 율법을 준수하셨으므로 자범죄도 없으셨습니다. 창세 이래 오직 예수님만이 원죄와 자범죄가 없기 때문에 원수 마귀 사단의 권세 아래 놓인 사람들을 구원할 수 있습니다.

마지막으로, 사랑이 있어야 합니다. 예수님이 다른 세 가지 자격을 다 갖추셨다 해도 사랑이 없다면 인류의 죄를 대속하실 수 없습니다. 죄를 대속하기 위해서는 아무 죄가 없으면서 흉악한 죄인처럼 나무 십자가에 달려 온갖 조롱과 멸시를 받아야 하기 때문입니다. 이러한 희생은 사랑이 없이는 불가능합니다.

그러나 예수님은 그 사랑을 나타내 보이셨고, 하나님께서는 독생자 예수님을 보내심으로 우리에 대한 하나님의 사랑을 확증하셨습니다(롬 5:8). 하나님의 섭리 가운데 예수님께서는 십자가에 달려 죽으셨지만, 장사한 지 사흘 만에 다시 살아나셨습니다. 죄가 없으시므로 "죄의 삯은 사망"이라는 영계의 법칙에 매여 있을 수 없었기 때문입니다. 바로 여기에 하나님의 놀라운 지혜가 담겨 있습니다.

원수 마귀 사단은 구세주로 오신 예수님을 죽이면 자신들이 영원토록 왕 노릇 할 줄 알았기에 어찌하든 악한 사람들을 사주하여 예수님을 죽이려 했습니다(마 1:13~16). 결국 예수님을 십자가에 못 박아 죽였지만, 이는 원수 마귀 사단이 자기 꾀에 넘어간 격이 되었지요. 아무 죄도 없으신 예수님을 죽였으니 스스로 "죄의 삯은 사망"이라는 영계의 법칙을 어기고 만 것입니다.

이로써 원수 마귀 사단은 자신들의 권세 아래 있던 사람들이 예수님을 구세주로 영접하면 하나님의 자녀로 내줄 수밖에 없게 되었습니다. 로마서 5장 18절에 "그런즉 한 범죄로 많은 사람이 정죄에 이른 것같이 의의 한 행동으로 말미암아 많은 사람이 의롭다 하심을 받아 생명에 이르렀느니라" 말씀합니다. 예수님을 구세주로 믿고 마음에 영접하는 사람은 죄 사함을 받고 의롭다 하심을 받아 구원에 이르게 된 것입니다.

말씀에 순종하는 것이 축복의 지름길

예수님께서 우리 죄를 위해 보혈을 흘려 주셨기 때문에 지금은 짐승을 잡아 제사 드리지 않습니다. 구약 시대의 제사는 바로 신약 시대의 예배와 같은 것입니다. 구약 시대에 하나님 말씀대로 제사를 드린 것은 하나님의 뜻에 따라 예배를 드리는 것을 뜻합니다. 로마서 12장 1절에 "너희 몸을 하나님이 기뻐하시는 거룩한 산 제사로 드리라 이는 너희의 드릴 영적 예배니라" 했고, 요한복음 4장 24절에는 "하나님은 영이시니 예배하는 자가 신령과 진정으로 예배할지니라" 말씀합니다.

그런데 믿는다고 하는 사람들 중에는 가인과 같이 하나님께서 받지 않으시는 예배를 드리는 경우가 많습니다. 자기 보기에 좋을 대로 예배를 드리는 것이지요. 기도나 찬양을 할 때 마음은 담지 않고 입술로만 하거나 말씀을 들을 때 잡념과 졸음에 빠지기도 합니다. 뿐만 아니라 십일조와 헌물을 드리지 않거나 자기 마음대로 드리기도 합니다(말 3:8).

또 온전히 주일을 지키는 것이 아니라 내 마음대로 지키면서 주일을 지켰다고 말합니다. 바쁜 일이 있다는 핑계로 오전 예배 혹은 오후 예배만 드리면서 주일을 지켰다 생각하는 것이지요. 이는 가인의 제사처럼 임의대로 드리는 것이므로, 하나님께서는 이런 예배를 받지 않으십니다.

그렇다면 사람들이 왜 이처럼 하나님 말씀에 순종하지 못하는 것일까요?

여러 이유가 있겠지만 그중 하나가 말씀대로 행하면 손해 보는 것 같기 때문입니다. 예를 들어, 온전한 주일을 지키자니 다른 사람은 편히 쉬는데 자신은 쉬지 못하니 손해인 것처럼 느껴집니다. 또 가게를 운영하는 사람이라면 주일에 일을 안 하면 당장 손해 보는 것 같아 말씀대로 순종하지 못하는 것입니다. 십일조와 헌물 역시 말씀대로 드리자니 아까운 생각이 듭니다.

그러나 하나님 말씀대로 사는 것은 결코 손해 보는 일이 아닙니다. 오히려 축복을 받는 지혜로운 길입니다. 신명기 28장에 '네가 네 하나님 여호와의 말씀을 삼가 듣고 내가 오늘날 네게 명하는 그 모든 명령을 지켜 행하면 들어와도 복을 받고 나가도 복을 받을 것이며 꾸어 줄지라도 꾸지 않으며 머리가 되고 꼬리가 되지 않게 하신다' 약속하셨기 때문입니다.

이렇게 순종하여 행할 때 하나님과 동행하는 축복을 누리게 됩니다. 하나님께서 함께하는 것과 동행하는 것에는 차이가 있습니다. 먼저 함께한다는 것은 천사를 보내 지켜 주신다는 의미입니다. 누구든지 하나님의 자녀가 되어 빛 가운데 살 때 하나님께서 함께하십니다. 그러나 하나님의 자녀라도 죄 가운데 살면 함께하실 수 없습니다. 하나님께서 빛 가운데 계시니 우리가 빛 가운데 나가야 하나님을 만날 수 있고 하나님의 사랑과 보호를 받을 수 있습니다.

동행하신다는 것은 하나님이 항상 함께하면서 삶을 친히 인도하시고 모든 것을 책임져 주신다는 뜻입니다. 우리가 하나님과 동행하기 위해서는 빛이신 하나님을 닮아 빛 가운데 온전히 들어와야 합니다. 악은 모든 모양이라도 버리고 성결되어야 하는 것이지요.

하나님과 동행했던 대표적인 사람이 바로 에녹입니다. 창세기 5장 21~24절에 "에녹은 육십오 세에 므두셀라를 낳았고 므두셀라를 낳은 후 삼백 년을 하나님과 동행하며 자녀를 낳았으며 그가 삼백육십오 세를 향수하였더라 에녹이 하나님과 동행하더니 하나님이 그를 데려가시므로 세상에 있지 아니하였더라" 말씀합니다.

하나님을 기쁘시게 하는 증거를 받은 에녹

에녹은 하나님께서 300년 동안 동행하실 만큼 거룩하고 온전한 사람이었습니다. 더욱이 그는 죽음을 보지 않고 산 채로 들림받은 인물입니다. 죄를 모두 버리고 성결되었기에 그에게는 "죄의 삯은 사망"이라는 법이 적용될 수 없었습니다.

그가 이런 축복을 받을 수 있었던 것은 범사에 하나님 말씀대로 행했기 때문입니다. 말씀대로 순종하여 온전한 성결을 이룸으로 '하나님을 기쁘시게 하는 자'라는 증거를 받았습니다.

그런데 에녹이 처음부터 하나님과 동행했던 것은 아닙니다. 그가 300년간 하나님과 동행하다가 365세에 들림받았으니 하나님께서 동행하시기 시작한 것이 65세부터임을 알 수 있습니다. 65년이라는 세월 동안 에녹은 하나님 말씀에 따라 열심히 죄를 버리고 하나님의 마음을 닮아 변화된 것입니다.

창세기 5장 19절에 보면 그의 아버지가 800년 동안 자녀를 낳았다 했으니 그에게는 많은 형제가 있었음을 암시합니다. 그런데도 에녹은 그들 중 어느 누구와도 부딪치지 않으며 화평했습니다. 뿐만 아니라 형제들과 부모를 무척 사랑했지만, 무엇보다 하나님을 가장 사랑했기에 그 말씀대로 살기를 즐겨했습니다.

마침내 에녹이 악은 모든 모양이라도 버리고 오직 선과 빛과 사랑 등 진리로만 마음에 가득해졌을 때 하나님께서는 그와 동행하기 시작하셨습니다.

에녹은 벗처럼 하나님과 동행하며 깊은 영적 교제를 나누었고, 그러다가 하나님께서는 에녹이 너무 사랑스러운 나머지, 가까이 두고자 수명이 다하기 전에 산 채로 하늘로 데려가셨습니다. 당시 사람들은 평균 900세를 살던 때이므로 365세의 에녹은 청년의 나이에 해당하지요. 하나님께서 보실 때 에녹이 얼마나 사랑스러웠으면 이렇게 일찍 데려가셨겠습니까?

간혹 하나님을 믿는 이들 중에도 "어떻게 사람이 말씀대로 온전히 살 수 있는가?", "어떻게 죄를 다 버릴 수 있는가?" 말합니다. 그러나 베드로전서 1장 15절에 "오직 너희를 부르신 거룩한 자처럼 너희도 모든 행실에 거룩한 자가 되라" 하셨고, 마태복음 5장 48절에는 "하늘에 계신 너희 아버지의 온전하심과 같이 너희도 온전하라" 말씀합니다. 죄를 버리고 성결되어 하나님을 닮아 온전하고 거룩해지는 것이 하나님의 뜻이지요.

요한복음 14장 21절에는 "나의 계명을 가지고 지키는 자라야 나를 사랑하는 자니 나를 사랑하는 자는 내 아버지께 사랑을 받을 것이요 나도 그를 사랑하여 그에게 나를 나타내리라" 하셨습니다. 주님께서 우리에게 주신 계명은 '마음을 다하여 하나님을 사랑하고 네 이웃을 네 몸과 같이 사랑하라'는 것입니다. 따라서 우리가 하나님을 사랑한다면 당연히 하나님 말씀대로 행해 나갑니다.

이처럼 말씀대로 행할 때라야 하나님을 기쁘시게 하는 자라 인정받을 수 있습니다. 이런 사람에게는 하나님께서 권능을 주셔서 온갖 질병을 치료하게 하시고, 천기까지도 움직일 수 있게 하십니다. 억수같이 쏟아지는 비를 기도로 멈추게 하거나, 가뭄 중에 비가 내리게 하고 태풍을 소멸케 하는 등 기이한 일들을 나타내시는 것입니다.

믿음을 좇아 의의 후사가 된 노아

아담과 하와가 에덴동산에서 이 땅으로 온 지 약 1500년이 지났을 때 이미 세상에는 죄가 가득했습니다. 그러자 하나님께서는 사람 지으셨음을 한탄하며 근심하셨습니다. 결국 물로 심판하기로 정하신 뒤 노아에게 미리 알려 주셨지요. 그는 패역한 세대 속에서도 세상에 물들지 않고 하나님을 경외하는 사람이었기 때문입니다.

노아는 의인이요 당세에 완전한 자로 하나님과 동행했습니다(창 6:9). 이런 노아를 택하여 하나님께서는 세상을 새롭게 만드시려고 계획하셨습니다. 물로 심판하되 노아와 그의 가족들을 남겨서 그들로 자손을 번성케 하려 하신 것입니다. 그래서 노아에게 가족과 혈육 있는 모든 생물의 암수를 보존케 할 거대한 방주를 짓도록 하셨습니다.

그런데 하나님 말씀대로 방주를 짓기까지 과정이 순탄했던 것은 아닙니다. 방주를 지으면서 노아가 사람들에게 회개하고 심판에 대비할 것을 외치고 또 외쳤지만 그의 말을 듣는 사람은 그의 가족 외에는 없었습니다. 여전히 죄를 지으며 비도 오지 않는데 큰 방주를 짓는 노아를 비웃으며 조롱했지요. 방주 안에 들어간다는 것은 세상에서 취했던 모든 것을 버리는 것을 의미합니다.

이미 심판을 돌이킬 수 있는 한계선을 넘어섰는데도 다시 한 번 하나님께서는 7일이라는 시간을 주면서까지 돌이켜 심판에 이르지 않기를 원하셨습니다. 사랑과 긍휼의 마음으로 마지막까지 기회를 주신 것입니다. 하지만 어느 누구 하나 회개하지 않았고 결국 홍수의 심판으로 모두 죽고 말았습니다. 노아와 그의 가족만 끝까지 하나님 말씀을 의심치 않고 그 말씀대로 행하여 구원받았지요.

우리가 말씀대로 살다 보면 여러 핍박과 어려움이 올 때가 있습니다. 처음에는 어떻게든 이겨내려 하지만, 시간이 지나도 상황이 좋아지지 않거나 생각했던 것보다 더 큰 어려움이 닥치면 중도에 포기하고 세상과 타협하기도 합니다. 믿지 않는 남편이나 아내의 핍박에 못 이겨 주일 예배를 한두 번 빠지다가 아예 하나님을 떠나는 일도 있지요. 또 열심히 신앙생활 하다가 불이익이 오면 성령 충만함이 떨어져서 기도를 쉬거나 사명을 소홀히 합니다. 하나님 말씀을 끝까지 믿고 행하지 못하는 예입니다.

여러분의 모습은 어떻습니까? 하나님께서는 노아처럼 아무리 핍박과 조롱을 받는다 해도 변함없이 말씀대로 행하는 사람을 두루 찾으십니다. 그런 사람이라야 하나님께 '믿음 있다' 인정받으며 축복의 길을 갈 수 있는 것입니다. 세상이 멸망하는 홍수 속에서도 노아를 구원하신 것처럼 아무리 힘들고 어려운 일이 있다 해도, 말씀대로 행하는 사람이라면 하나님께서 반드시 돌아보고 인도하십니다.

하나님 말씀은 마치 수학공식과 같습니다. 수학 문제를 공식에 따라 풀면 그대로 풀리듯이 삶 속에서 우리가 어떤 문제를 만나든지 하나님 말씀이라는 공식에 대입하면 풀리지 않는 문제가 없습니다. 오직 하나님 말씀대로 행할 때 문제 해결의 길이 보이는 것입니다.

그러면 우리가 노아나 아벨, 에녹처럼 하나님 말씀대로 온전히 행하는 믿음을 소유하려면 어떻게 해야 할까요?

하나님 말씀을 의심하게 하는 모든 생각과 이론을 깨뜨려야

간혹 설교를 듣다가 '저 말씀은 틀렸는데 왜 저렇게 말하지?'라고 생각하는 이들이 있습니다. 자신이 알고 습득한 이론과 지식, 생각에 막혀서 하나님 말씀을 마음에 받지 못하고 의심하거나 판단하는 것입니다. 이렇게 하나님 말씀을 의심하게 만드는 지식과 이론, 생각이 있으면 아무리 말씀이 참임을 뒷받침하는 확실한 증거를 보여 주어도 믿지 못합니다.

살아오면서 배운 지식이나 가치관 등이 단단하게 굳은 사람일수록 하나님 말씀을 받아들이지 못합니다. '자기가 옳다'는 생각이 너무 강하기 때문이지요. 이처럼 세상에서 배운 지식이나 가치관 중에는 하나님을 대적하게 만드는 것들이 많습니다. 이런 지식과 이론들을 깨뜨려야 생각의 문을 열 수 있고, 나아가 마음 문을 열고 하나님 말씀을 받아들일 수 있습니다.

사도 바울은 좋은 집안에서 태어나 당시 최고의 학문을 배우고 율법에도 정통한 인재였습니다. 게다가 정통 바리새인으로서 상당한 지위를 가진 인물이었습니다. 하나님을 뜨겁게 사랑하는 중심이었지만 참된 진리를 알지 못하니 예수 그리스도를 부인하고 그리스도인들을 핍박하는 데 앞장서는 사람이었지요.

그런 그가 하루는 다메섹에 있는 그리스도인들을 체포하기 위해 길을 가다가 “사울아 사울아 네가 어찌하여 나를 핍박하느냐”(행 9:4)라는 주님의 음성을 듣게 됩니다. 사울은 사도 바울의 이전 이름입니다. 이 한 번의 체험을 통해 그는 자신의 지식과 교양, 사회적 지위를 모두 버리고 주님을 좇았습니다. 이방인의 사도로서 예수 그리스도의 복음을 전하는 데 일생을 바치며 헌신합니다. 그가 이렇게 달라진 이유는 모든 학문은 세상을 살아가는 데 필요한 부수적인 것일 뿐이며, 예수 그리스도를 아는 지식이 가장 고상한 지식임을 알았기 때문입니다.

만일 “내가 안다” 하는 고집이 있고 “내가 옳다” 하는 자기 주장으로 가득 차 있다면 자신을 발견하지 못하고 자신이 최고인 줄 압니다. 이러한 사람은 다른 사람의 말을 겸손하게 들으려 하지 않으니 우물 안 개구리처럼 자기 한계에 머무를 수밖에 없습니다. 그러나 사도 바울은 최고의 스승인 예수 그리스도를 만나 그분의 가르침을 자기 것으로 삼기 위해 지금껏 자기가 옳다 여겼던 모든 것을 분토같이 버렸습니다.

우리도 사도 바울처럼 모든 생각과 이론을 깨뜨리려면 어떻게 해야 할까요? 무엇보다 마음에 있는 악을 버려야 합니다. 교만, 자존심, 고집, 거짓 등이 있으면 자기 생각과 이론을 깨뜨리기가 어렵습니다. 또 마음의 악이 자꾸만 이론과 생각을 동원시켜서 하나님 말씀을 믿지 못하게 하지요.

악을 버리고 이론과 생각을 깨뜨리는 작업이 만만하지는 않습니다. 그러나 하나님 말씀이 내 생각에 부딪힐 때마다 '과연 내 생각과 지식이 정말 옳은가?' 하고 스스로 궁구해 보아야 합니다. 그리고 열심히 선한 행함을 쌓을 때 하나님께서 중심에서 믿을 수 있는 은혜를 주십니다.

우리 교회에서는 놀라운 권능의 역사가 끊이지 않아 이론과 지식을 깨뜨리기 쉽습니다. 무엇보다도, 성령을 통해 무한한 긍휼을 베푸시는 하나님의 사랑이 많은 영혼을 변화시킵니다. 그러므로 성령의 권능을 의지하여 하나님 말씀을 믿지 못하게 방해하는 모든 이론과 생각을 깨뜨리고 사도 바울처럼 능력 있는 일꾼이 되어야겠습니다.

하나님 말씀을 열심히 읽고 들으며 배워야

하나님 말씀은 우리 영혼에 생명을 주는 영혼의 양식입니다. 그 안에는 하나님의 자녀인 우리가 어떻게 살아야 하는지 지침이 담겨 있습니다. 그래서 로마서 10장 17절에 '믿음은 들음에서 난다' 한 대로 열심히 하나님 말씀을 듣고 양식 삼아야 합니다. 말씀을 통해 무엇이 진리이고 비진리인지를 알아야 하나님의 뜻대로 순종할 수 있지요.

또한 필요에 따라 성령님께서 말씀을 통해 우리를 깨우쳐 주십니다. 설령 자신의 생각에 맞지 않고 이론이나 지식에 맞지 않는 일이라 해도 즉시 하나님 말씀이 떠올라 순종할 수 있게 도우시는 것입니다.

만약 직장에서 누군가와 의견 차이로 갈등이 생겨서 상대가 미운 마음이 들었다고 합시다. 이런 상황에서 하나님 말씀을 양식 삼고 있으면 "네 이웃을 네 몸과 같이 사랑하라"(마 22:39) 또는 "원수를 사랑하며 너희를 핍박하는 자를 위하여 기도하라"(마 5:44) 하신 말씀을 떠올려 주십니다. 이렇게 말씀을 통해 형제를 미워하는 것이 잘못임을 깨우쳐 주시고 하나님의 뜻대로 사랑할 수 있게 인도하십니다.

따라서 우리 생활 속에서 하나님 말씀을 잘 양식 삼고 있을 때 범사에 형통한 길을 가며, 하나님이 주시는 복을 누릴 수 있습니다. 이사야 1장 19절에 "너희가 즐겨 순종하면 땅의 아름다운 소산을 먹을 것이요" 말씀한 대로이지요.

말씀대로 순종하는 행함이 따라야

어떤 사람은 스포츠 경기를 보다가 자신이 응원하는 선수가 실수하면 흥분한 나머지 "저런…. 공을 저쪽으로 넘겨야지. 아휴~ 답답해." 하며 일일이 불만을 표시합니다. 그 사람이 만일 경기장에 나간다면 과연 말처럼 잘할 수 있을까요?

하나님을 믿기 전에 저는 권투를 꽤 좋아했습니다. 평소 운동을 좋아한 데다 권투 시합을 보면서 '나라면 이렇게 하겠다' 하는 생각이 있었습니다. 마침 군복무 시절 같은 부대에 권투 선수가 있어서 그에게 한판 대결을 벌이자고 했습니다. 그런데 막상 시합을 하니 제가 생각했던 대로 몸이 움직이지 않는 것입니다. 결국 한 대도 때리지 못한 채 맞기만 하고 드러눕고 말았습니다. 그 선수가 저를 적당히 상대하지 않았더라면 아마도 만신창이가 되었을 것입니다. 이론과 실제는 이처럼 다르지요.

마찬가지로 하나님 말씀도 아무리 많이 듣고 머리에 지식으로 쌓았다 해도 행하지 않으면 아무 소용이 없습니다. 하나님 말씀을 듣고 행하는 것이 바로 믿음입니다. 야고보서 2장 22절에 "네가 보거니와 믿음이 그의 행함과 함께 일하고 행함으로 믿음이 온전케 되었느니라" 하신 대로입니다.

그러므로 하나님 말씀에 '하라' 하신 것은 하고, '하지 말라' 하신 것은 하지 않으며, '버리라' 하신 것은 버리고, '지키라' 하신 것은 지키는 등 말씀을 듣고 행함으로 나타내 보여야 합니다. 어떠한 상황에서도 자신의 생각을 동원하지 않고 말씀대로 온전히 순종하는 행함이 있을 때 비로소 하나님 앞에 믿음을 인정받을 수 있습니다.

우리가 마음 중심에서 단 1퍼센트도 의심하지 않고 전폭적으로 하나님을 의뢰할 때 하나님께서는 모든 것을 100퍼센트 책임져 주십니다. 이러한 사실을 저는 체험을 통해 확신하게 되었습니다. 제 자녀를 통해서도 여러 체험을 했는데, 세 딸이 성장하면서 한 번씩 병이나 사고로 위급한 상황에까지 간 적이 있었습니다. 그때마다 병원이나 약을 의지하지 않고 오직 하나님의 능력을 믿고 맡기니 짧은 시일에 깨끗이 치료되는 것을 보았습니다.

만일 자신에게 어떤 질병이 왔다면 말씀대로 행하지 않은 것이 무엇인지 살펴야 합니다. 물질의 문제든, 가정의 문제든 반드시 이유가 있으므로 먼저는 자신을 돌아보아 하나님 말씀에 벗어난 것이 무엇인지 발견해야 합니다. 성령의 도우심 속에 잘못된 점을 깨우치고 통회자복하면 하나님께서는 어떤 얽히고설킨 문제라도 해결해 주십니다. 따라서 어떠한 생각도 동원치 말고 오직 하나님 말씀대로 순종함으로 무엇이든지 구하는 바를 응답받으며 항상 하나님과 동행하는 복을 받으시기 바랍니다.

Chapter 3

능히 죽은 자 가운데서 다시 살리실 줄로

육신의 생각을 동원치 않고 그대로 순종하는 믿음

화복을 주관하시는 하나님을 믿는 믿음

생사를 주관하시는 하나님을 믿는 믿음

온전한 믿음의 행함으로 복의 근원이 된 아브라함

아브라함은 시험을 받을 때에
믿음으로 이삭을 드렸으니 저는 약속을 받은 자로되
그 독생자를 드렸느니라
저에게 이미 말씀하시기를
네 자손이라 칭할 자는 이삭으로 말미암으리라 하셨으니
저가 하나님이 능히 죽은 자 가운데서
다시 살리실 줄로 생각한지라
비유컨대 죽은 자 가운데서 도로 받은 것이니라

히브리서 11:17~19

배가 고플 때 밥을 먹으면 배고픔이 해소된다는 것은 어린아이도 믿습니다. 이러한 사실을 귀로 듣기만 했다면 '정말 그런가?' 생각할 수도 있지만, 실제로 먹어보고 배고픔이 해소되는 것을 체험하니 마음에 믿어지는 것입니다. 이와 마찬가지로 살아 계신 하나님에 대하여 듣기만 했을 때에는 '참으로 살아 계실까?' 의심할 수도 있지만, 살아 계신 하나님을 직접 만나고 체험하게 되면 확실한 믿음이 생겨납니다.

그러나 아무리 음식이 많이 있어도 먹지 않으면 배고픔이 해소되지 않듯이, 하나님 말씀을 아무리 많이 알고 있어도 순종하지 않으면 참 믿음을 소유할 수 없습니다. 하나님 말씀에 순종하는 것이 왜 이렇게 중요할까요? 로마서 6장 16절에 "너희 자신을 종으로 드려 누구에게 순종하든지 그 순종함을 받는 자의 종이 되는 줄을 너희가 알지 못하느냐 혹은 죄의 종으로 사망에 이르고 혹은 순종의 종으로 의에 이르느니라" 말씀하기 때문입니다.

에녹, 노아 등 믿음의 선진들이 축복을 받았던 비결은 하나님 말씀에 그대로 순종하는 것이었습니다. 어떤 상황과 환경에서도 사람의 생각을 동원치 않고 하나님 말씀대로 행하는 것을 하나님께서 기쁘게 여기시고 그들에게 큰 복을 주셨던 것입니다. 특히 아브라함은 죽은 사람도 능히 살리시는 하나님을 100퍼센트 믿었고, 행함으로 그 믿음을 입증해 보임으로 '믿음의 조상'이 되었습니다. 과연 아브라함은 하나님을 어떻게 믿었고 어떤 믿음의 행함을 보였을까요?

아브라함은 인생 여정에서 일어나는 모든 일들에 대해 오직 믿음으로 하나님께 의뢰하고 그 말씀에 순종했습니다. 그리고 여러 일들을 통해 한 계단 한 계단 믿음의 성장을 이루어 온전한 믿음의 단계에 이를 수 있었습니다. 아브라함의 믿음을 크게 세 단계로 나누어 살펴보겠습니다.

육신의 생각을 동원치 않고 그대로 순종하는 믿음

아브라함은 약 4천 년 전 갈대아 우르 태생으로 원래 이름은 아브람입니다. 우르는 고대 문명의 발상지인 유브라데 강 하류 서해안에 있는 고대 수메르의 도시입니다. 이곳에서 태어나 성장한 아브람은 아내 사래를 맞이하였지만 사래는 잉태하지 못하므로 자녀가 없었지요. 어느 날, 아브람의 아버지인 데라는 아브람과 사래, 그리고 롯을 데리고 갈대아 우르를 떠나 가나안 땅을 향해 가던 중 하란이라는 곳에 이르러 정착합니다.

그런데 당시 갈대아 우르는 물론이고 하란이라는 곳도 우상숭배가 심히 성행했습니다. 데라는 그런 속에서도 꿋꿋이 순수 혈통을 지키며 하나님을 경외해 왔으나 어느 순간 당시의 분위기에 점점 빠져들고 말았지요. 이에 하나님께서는 아브람을 본토 친척 아비의 집에서 떠나 홀로 독립하게 하십니다. 자칫 아브람마저 그곳의 분위기에 물들지 않도록 하기 위함입니다.

"너는 너의 본토 친척 아비 집을 떠나 내가 네게 지시할 땅으로 가라"(창 12:1)

이와 동시에 이제 아브람을 믿음의 조상으로 만들기 위한 본격적인 연단을 시작하신 것이지요. 그동안은 아브람이 부모와 조상의 울타리 안에서 나름대로 하나님에 대해 배우고 깨달으며 연단을 받았다면 이제부터는 친히 하나님께서 간섭하면서 믿음의 조상으로 연단해 가시는 것입니다. 하나님께서는 본격적인 연단의 시작과 함께 아브람에게 엄청난 축복의 말씀을 주십니다.

"내가 너로 큰 민족을 이루고 네게 복을 주어 네 이름을 창대케 하리니 너는 복의 근원이 될지라 너를 축복하는 자에게는 내가 복을 내리고 너를 저주하는 자에게는 내가 저주하리니 땅의 모든 족속이 너를 인하여 복을 얻을 것이니라"(창 12:2~3)

여기서부터 아브람의 믿음의 여정이 시작됩니다. 그는 비록 갈 바를 알지 못해도 하나님을 전폭적으로 믿었기 때문에 어떤 생각도 동원치 않고 하나님 말씀에 순종해서 길을 떠납니다. 이렇게 순종해서 떠나는 그 자체가 곧 하나님을 믿는 증거이지요. 히브리서 11장 8절에 "믿음으로 아브라함은 부르심을 받았을 때에 순종하여 장래 기업으로 받을 땅에 나갈새 갈 바를 알지 못하고 나갔으며" 말씀합니다.

사실 지금까지 살아온 모든 삶의 터전을 버리고 떠난다는 것은 쉽지 않은 일입니다. 만일 여러분이 좋아하는 어떤 일을 주님을 위해 그만두어야 한다면 그렇게 할 수 있겠습니까? 당장 눈에 보이는 열매가 없다 해도 오직 하나님 말씀만을 의지하여 모든 것을 무(無)로 돌리고 다시 시작할 수 있겠는지요? 생사화복을 주관하는 분이 바로 하나님이심을 믿는다면 당연히 그렇게 할 수 있습니다.

지금까지 자신이 일구어 놓은 것이 아무리 귀하고 가치 있는 것이라 해도 하나님께서 더 크고 좋은 것으로 주실 것임을 믿는다면 아깝게 여길 필요가 없습니다. 이처럼 아브람은 하나님께서 약속하신 축복의 말씀을 믿었기에 아무 미련 없이 이전의 삶을 뒤로 하고 하나님 말씀에 순종하여 떠날 수 있었던 것입니다.

화복(禍福)을 주관하시는 하나님을 믿는 믿음

아브람은 재앙과 축복을 주관하시는 분은 오직 하나님이심을 믿었습니다. 그가 이러한 믿음을 가지게 된 계기가 있습니다. 하나님 말씀에 순종하여 고향을 떠난 지 얼마 후 애굽으로 이주했는데 바로 거기서 화(禍)를 복(福)으로 바꾸시는 하나님의 역사를 체험합니다.

아브람이 애굽에 이르렀을 때였습니다. 그곳 사람들이 보니 사래가 매우 아름다워서 심지어 왕 앞에서까지 칭찬을 합니다. 그러자 사래의 모습이 궁금해진 왕이 궁전으로 사래를 불러들입니다. 이렇게 하여 아브람은 애굽 왕 바로에게 아내를 빼앗기고 말았습니다.

이런 일은 당시에 얼마든지 가능한 일이었습니다. 아브람도 아내가 아주 아름다웠기 때문에 이를 예상하여 대비책으로 아내를 누이라 말하기로 했습니다. 혹 애굽 사람 중에 아내를 탐내는 사람이 있어서 자신을 죽이고 아내를 빼앗아 갈 수도 있다고 생각했던 것입니다. 만일 누이라고 한다면 자신이 죽을 염려도 없고, 사래는 실제 자신의 이복 누이였으니 거짓말을 한 것도 아니었지요.

애굽 왕은 사래를 취하는 대가로 아브람에게 후한 대접을 하며 많은 가축과 노비를 주었습니다. 하지만 이러한 것이 어찌 사랑하는 아내를 대신할 수 있겠습니까? 기근을 피해 수고롭게 애굽으로 왔는데 이제는 아내마저 빼앗겼으니 참으로 난처한 상황에 빠진 것입니다.

그런데 하나님께서는 아브람을 곤경에 빠지도록 두지 않으셨습니다. 바로와 그 집에 큰 재앙을 내리시니(창 12:17), 이를 통해 바로는 사래가 아브람의 아내인 것을 알게 되어 다시 돌려보냈지요. 잠시 마음 고생한 것 외에는 아브람이 잃은 것은 하나도 없고 오히려 바로에게 받은 가축과 은금으로 인해 그 소유가 풍부해졌습니다. 아내를 빼앗길 뻔한 일이 오히려 영육 간에 축복으로 바뀌는 것을 체험함으로써 하나님에 대한 아브람의 믿음은 한 차원 더 높아지게 되었습니다.

아내의 일로 화복을 주관하시는 하나님을 체험하고 더 확신하게 된 아브람은 이제 더욱 범사를 하나님께 의뢰합니다. 그 예가 창세기 13장에 나옵니다.

아브람이 축복을 받아 점점 부유해지자, 그와 함께한 조카 롯도 복을 받아 그들의 소유가 많아져서 마침내는 함께 지낼 수가 없게 되었습니다. 아브람의 목자들과 롯의 목자들이 서로 다투는 일까지 생겼지요. 그러자 아브람은 롯에게 "우리는 한 골육이라 나나 너나 내 목자나 네 목자나 서로 다투게 말자 네 앞에 온 땅이 있지 아니하냐 나를 떠나라 네가 좌하면 나는 우하고 네가 우하면 나는 좌하리라"(창 13:8~9) 하고 말합니다. 손윗사람이면서도 조카에게 더 좋은 곳을 취하라고 양보하는 것입니다.

그러자 롯은 물이 넉넉하여 더 좋은 땅을 택해 떠납니다. 롯이 아브람처럼 선했더라면 "무슨 말씀이십니까. 삼촌이 먼저 좋은 땅을 택해 가십시오. 삼촌이 좌하면 나는 우하고 삼촌이 우하면 나는 좌하겠습니다." 했을 것이나 롯은 그만한 마음이 되지 못하니 먼저 좋은 땅을 택해 떠난 것입니다.

아브람이 선을 좇아 땅의 선택권을 조카에게 줄 수 있었던 것은 생사화복을 주관하시는 하나님을 믿었기 때문입니다. 당시 아브람과 롯은 유목 일을 하고 있었기 때문에 가업 번영에 매우 중요한 요소 중 하나가 바로 물이었습니다. 더구나 이스라엘은 예나 지금이나 비가 많이 내리지 않는 척박한 땅입니다. 그러나 아브람은 축복이 그러한 육적인 조건에 달린 것이 아니라 전적으로 하나님의 소관임을 잘 알고 있었던 것입니다.

그러면 조카 롯에게 좋은 땅을 양보한 아브람을 하나님께서는 어떻게 축복해 주셨을까요?

창세기 13장 14~17절에 "너는 눈을 들어 너 있는 곳에서 동서

남북을 바라보라 보이는 땅을 내가 너와 네 자손에게 주리니 영원히 이르리라 내가 네 자손으로 땅의 티끌 같게 하리니 사람이 땅의 티끌을 능히 셀 수 있을진대 네 자손도 세리라 너는 일어나 그 땅을 종과 횡으로 행하여 보라 내가 그것을 네게 주리라" 말씀합니다. 그가 화복(禍福)을 주관하시는 하나님을 믿음으로 온전히 선을 좇아 행하니 큰 축복을 약속하신 것입니다.

이처럼 어떤 환경과 조건보다 하나님께서 자신과 함께하시는지 그렇지 않은지가 바로 축복의 관건입니다. 물론 육적인 여건이나 환경을 완전히 무시하라는 것은 아닙니다. 하나님의 자녀로서 가장 우선시해야 할 것이 무엇인지를 말씀드리는 것이지요.

가령, 사업을 한다면 스스로 하려고 하거나 내 능력껏 일구어 보려고 하는 것이 아니라 생사화복을 주관하시는 하나님을 믿음으로 이루어 가야 한다는 것입니다. 욕심으로 하는 것이 아니라 믿음 안에서 하나님 말씀대로 범사에 정도를 좇아야 합니다. 또한 선을 행하며 정직하고 성실하게 일한다면 반드시 축복이 임하게 되어 있습니다.

생사(生死)를 주관하시는 하나님을 믿는 믿음

아브람은 생명의 살고 죽는 것을 주관하시는 분은 오직 하나님이심을 믿었습니다. 그가 고향을 떠날 때 하나님께서는 '내가 너로 큰 민족을 이루게 하리라' 약속하셨고, 이후에도 '땅의 티끌처럼 셀 수 없이 많은 자손을 주리라' 말씀하셨습니다.

그런데 고향을 떠난 지 꽤 많은 세월이 흘렀음에도 불구하고 그에게는 대를 이을 아들이 없었습니다. 아브람에게 자손의 축복을 약속하셨는데도 왜 그처럼 속히 응답하시지 않았을까요? 하나님께서는 아브람이 하나님을 모든 생명의 주관자로 믿고 있음을 알았지만 믿음의 증거를 얻기 원하셨기 때문입니다.

상대의 믿음직한 마음을 막연히 알고 있을 때와, 그 마음이 말과 행동으로 표현될 때 느끼는 감동은 차원이 다릅니다. 하나님께서도 아브람의 믿음을 잘 아시지만 그 믿음을 확증시켜서 만천하에 드러내 믿음의 조상으로 세우길 원하셨던 것입니다.

그런데 아브람은 나이가 많도록 자녀가 없자 집에서 기른 종인 엘리에셀을 상속자로 삼고자 했습니다(창 15:3). 그러나 하나님께서는 "네 몸에서 날 자가 네 후사가 되리라" 분명히 말씀하십니다. 또한 아브람을 밖으로 이끌어 하늘을 보라 하시며 '하늘의 뭇 별같이 네 자손이 셀 수 없을 정도로 많게 될 것이라' 고 비유까지 들어 다시금 믿음의 확신을 주셨습니다.

아브람이 99세가 되자, 하나님께서는 '아브람'(큰 자)의 이름을 '아브라함'(열국의 아비)이라 하여 열국의 아비가 될 것을 말씀하시며, 아내 사래에게도 열국의 어미라는 뜻의 '사라'라는 새 이름을 주십니다. 그리고 명년 이맘 때 아들을 얻을 것이라 말씀하십니다. 사라가 90세에 아이를 낳는다는 것이지요. 이미 경수가 끊어졌는데 말입니다. 그러나 하나님의 약속은 변함이 없기에, 아브라함은 그 말씀을 믿었고 과연 100세에 아들 이삭을 얻을 수 있었습니다.

로마서 4장 18~22절에 "아브라함이 바랄 수 없는 중에 바라고 믿었으니 이는 네 후손이 이 같으리라 하신 말씀대로 많은 민족의 조상이 되게 하려 하심을 인함이라 그가 백 세나 되어 자기 몸의 죽은 것 같음과 사라의 태의 죽은 것 같음을 알고도 믿음이 약하여지지 아니하고 믿음이 없어 하나님의 약속을 의심치 않고 믿음에 견고하여져서 하나님께 영광을 돌리며 약속하신 그것을 또한 능히 이루실 줄을 확신하였으니 그러므로 이것을 저에게 의로 여기셨느니라" 말씀합니다.

아브라함이 이삭을 얻기까지는 집에서 기른 종 엘리에셀이나 하갈의 소생 이스마엘을 통해서 하나님의 뜻이 이루어질까 생각한 적도 있었습니다. 그때마다 하나님께서는 "네 몸에서 날 자가 네 후사가 되리라"고 거듭 말씀해 주셨지요. 그래서 아브라함은 나이 들어 죽은 것 같은 자기 몸과 사라의 몸을 통해 하나님의 능력으로 생명이 잉태된 사실 앞에 정녕 죽이고 살리는 권세가 하나님께 있음을 온전히 믿게 된 것입니다.

이 일은 하나님께서 아브라함에게 정작 얻기 원하시는 믿음의 시작에 불과했습니다. 어느 날, 하나님께서는 아브라함에게 한 가지를 명하십니다.

"네 아들 네 사랑하는 독자 이삭을 데리고 모리아 땅으로 가서 내가 네게 지시하는 한 산 거기서 그를 번제로 드리라"(창 22:2)

번제란 짐승의 각을 떠서 뼈는 뼈대로 살은 살대로 갈라 단 위에 올려놓고 불로 살라서 하나님 앞에 향으로 드리는 구약의 제사법입니다.

하나님께서는 아브라함에게 여러 차례 하늘의 뭇 별과 같이, 또한 바닷가의 모래알같이 무수히 많은 자손을 주시겠다고 약속하셨습니다. 그 약속의 씨가 바로 이삭이지요. 아브라함에게 이삭은 자기 생명보다 소중한 존재였을 것입니다. 그러니 얼마나 정성을 기울여 이삭을 양육했을지도 짐작할 수 있지요. 그런 아들을 하나님께서 번제로 바치라 명하신 것입니다.

하지만 아브라함은 "이것만은 할 수 없습니다." 하지 않았고 "하나님, 이삭을 통해 후손을 얻으리라고 하신 약속은 어떻게 하구요?" 하고 묻지도 않았습니다. 오로지 순종하여 독자 이삭을 데리고 하나님께서 지시하신 곳으로 갔습니다. 그의 마음에는 조금도 슬픔이나 원망 같은 것은 없었고 오히려 감사하는 마음이었으며, 하나님을 신뢰하는 데도 변함이 없었지요.

산에 도착한 아브라함은 단을 쌓고 나무를 벌여 놓고 이삭을 결박하여 그 위에 놓았습니다. 이윽고 칼을 잡고 아들을 죽이려는 순간이었습니다. 갑자기 하늘에서 "아브라함아 아브라함아" 부르는 음성이 들려왔습니다. 아브라함이 "내가 여기 있나이다" 하고 대답하자 너무나 감격스러운 말씀이 이어집니다.

"그 아이에게 네 손을 대지 말라 아무 일도 그에게 하지 말라 네가 네 아들 네 독자라도 내게 아끼지 아니하였으니 내가 이제야 네가 하나님을 경외하는 줄을 아노라"(창 22:12)

이 사건을 통해 아브라함이 평소에 '생사화복을 주관하시는 하나님'께 대한 믿음이 확고했음을 잘 알 수 있습니다.

히브리서 11장 17~19절에 "아브라함은 시험을 받을 때에 믿음으로 이삭을 드렸으니 저는 약속을 받은 자로되 그 독생자를 드렸느니라 저에게 이미 말씀하시기를 네 자손이라 칭할 자는 이삭으로 말미암으리라 하셨으니 저가 하나님이 능히 죽은 자 가운데서 다시 살리실 줄로 생각한지라 비유컨대 죽은 자 가운데서 도로 받은 것이니라" 했습니다.

설령 이삭을 죽여 번제로 드려도 하나님께서 "네 몸에서 날 자가 네 후사가 되리라" 약속하신 말씀을 이루기 위해 다시 살리실 것을 온전히 믿었기에 이처럼 순종할 수 있었던 것입니다. 이로써 생사를 주관하시는 하나님께 대한 아브라함의 믿음은 확실히 증명되었지요.

온전한 믿음의 행함으로 복의 근원이 된 아브라함

창세기 24장 1절을 보면 "아브라함이 나이 많아 늙었고 여호와께서 그의 범사에 복을 주셨더라" 했습니다. 아브라함이 생사화복을 주관하시는 하나님께 모든 것을 의뢰한 결과 하나님께서는 그의 범사에 복을 주셨던 것입니다.

또한 야고보서 2장 23절에는 "이에 경에 이른바 아브라함이 하나님을 믿으니 이것을 의로 여기셨다는 말씀이 응하였고 그는 하나님의 벗이라 칭함을 받았나니" 말씀합니다. 벗이란 피를 나눈 부모 형제나 자녀에게도 말할 수 없는 깊은 비밀을 나눌 수 있는 사람입니다. 하나님의 벗이라는 칭함을 받았으니 얼마나 큰 영예를 얻은 것입니까.

그러므로 아브라함은 예수 그리스도의 부활 이전에 구원 얻은 영혼들이 머무는 윗음부를 관장하는 귀한 사명을 하나님께 받아 감당했습니다. 이는 누가복음 16장 22절에 하나님을 믿었던 나사로가 죽었을 때 천사들에게 받들려 아브라함의 품에 들어갔다는 기록을 통해서도 알 수 있습니다.

이 밖에도 많은 축복을 받았는데 이 모든 것은 아브라함이 생사화복을 주관하시는 하나님을 그대로 믿어 모든 일을 하나님께 맡겨 드린 결과였지요. 뿐만 아니라 그는 하나님을 믿는 모든 사람의 조상, 그리고 창조주 하나님의 벗이 되는 영적인 축복은 물론, 건강의 축복을 받아 175세까지 장수하였습니다.

이삭을 낳은 후에도 여섯 명의 아들을 더 낳는 회춘(回春)의 복까지 받았지요. 또한 하나님께서 범사에 복을 주셨으므로 물질의 축복도 넘쳐났습니다.

만일 하나님께서 우리에게 독자를 바치라는 시험을 허락하신다면 과연 통과할 수 있을까요? 꼭 자녀의 생명을 드리는 시험이 아니라도 여러 가지 상황을 가정해 볼 수 있습니다.

자신이 질병에 걸리거나 어떤 문제로 고통받을 때에는 어찌하든 믿음을 갖고 이겨 보려고 합니다. 그러나 사랑하는 자녀가 고통받을 때는 마음이 어떠합니까? 변함없는 마음으로 하나님께 맡길 수 있는지, 일말의 요동도 없이 하나님을 의지할 수 있는지 돌아보시기 바랍니다.

예를 들어, 어린 딸이 교통사고를 당해 차마 눈뜨고 볼 수 없을 정도로 상처를 입었다면 그 순간 어떻게 하시겠습니까? 하나밖에 없는 아들이 온몸이 불덩이가 되어 의식조차 오락가락할 때 과연 "생사화복은 하나님께 있습니다. 하나님을 의지합니다." 하고 믿음을 내보일 수 있겠습니까?

간혹 어떤 이들은 약이나 병원도 하나님께서 지혜를 주셔서 만들고 세운 것이라고 말합니다. 그러나 그런 생각은 온전히 하나님을 믿지 못하기에 세상과 타협하고자 하는 마음에서 나오는 것입니다. 하나님께서는 생사화복을 주관하시는 분이므로 하나님을 믿으면 건강은 물론 모든 것을 책임져 주십니다.

구약 성경의 아사 왕은 하나님보다 의원을 믿고 의지하다가 병이 난 지 2년 만에 죽고 말았던 것을 봅니다(대하 16:12~13). 그는 전에 어머니가 우상을 숭배하자 태후의 위를 폐할 정도로 하나님을 뜨겁게 사랑했던 사람입니다. 그런 그가 병이 났을 때 하나님을 의뢰하지 않고 세상 의원들을 의지했던 이유는 무엇일까요? 세월이 흐르면서 마음이 변질되어 하나님을 멀리하고 세상과 타협하니 질병이 찾아와도 하나님을 의지할 믿음을 갖지 못했던 것이지요.

아사 왕은 최고의 명의를 불러 시술을 해 보고 좋다는 약은 다 써 보았을 것입니다. 그러나 하나님께서 기뻐하시지 않으니 아무 소용이 없었습니다. 하나님께서는 전폭적으로 하나님을 믿고 의지하던 사람이 변하여 세상을 의지하는 것을 얼마나 서운해하시는지 잘 알 수 있지요. 하나님을 정녕 믿고 사랑한다면 생사화복을 주관하시는 하나님만을 의지할 수 있어야 하며, 이것이 온전한 믿음입니다.

저희 가족은 주님을 영접한 이후 한 번도 병원에 가거나 약을 먹어 본 적이 없습니다. 생사화복을 주관하시는 분은 오직 아버지 하나님이심을 믿었기에 어떠한 질병이나 문제도 하나님께만 맡기고 의뢰했지요. 그때마다 하나님께서는 능력의 손길로 깨끗이 치료해 주시는 것을 체험할 수 있었습니다. 우리 교회 성도들도 늘 이러한 표적들을 보고 체험하니 하나님만 의지하는 경우가 많습니다.

우리가 생사화복을 주관하시는 하나님께 모든 것을 맡길 수 있는 믿음을 소유하면 질병이나 가정, 사업터 등 어떤 문제라도 해결받지 못할 것이 없습니다. 그러므로 아브라함처럼 더욱 온전한 믿음을 소유하여 아버지 하나님께 범사에 영광만 돌려 나가시기 바랍니다.

Chapter 4

꿈을 이루실 줄 믿음으로

고난을 통해 자신의 부족함을 깨달아야

어떤 상황에서도 낙심하지 않아야

성실함으로 세상 사람의 인정을 받아야

환난 중에도 소망을 잃지 않고 기뻐해야

믿음과 소망으로 꿈을 이룬 요셉

믿음으로 요셉은 임종 시에
이스라엘 자손들의 떠날 것을 말하고
또 자기 해골을 위하여 명하였으며

히브리서 11:22

아이들에게 "꿈이 무엇이냐?"고 물으면 대통령, 사장, 배우 등 나름대로 꿈을 말합니다. 하지만 지나고 보면 꿈을 이루는 경우는 흔치 않습니다. 의지가 강하고 지혜로운 사람들 중에는 처음 품은 뜻을 끝까지 이루어내는 경우도 있지만, 대부분은 자신이 무엇을 꿈꾸었는지조차 잊어버린 채 현실에 적응하며 살아가지요.

세상에서는 아무리 간절히 바라도 이루지 못하는 것이 많지만, 우리가 참된 믿음을 가지고 전능하신 하나님께 구하기만 한다면 어떤 소망이라도 이루지 못할 것이 없습니다. 눈앞에 보이는 현실이 어떠하든지 끝까지 변치 않는 진실한 마음으로 믿음을 지킬 때 마침내 응답으로 하나님께 영광 돌릴 수 있습니다.

요셉은 이스라엘의 조상 야곱의 열한 번째 아들로서, 하나님이 주신 꿈을 잊지 않고 믿음으로 이루어낸 인물입니다. 어린 시절, 그는 아버지의 특별한 사랑을 받으며 성장했지만, 하루아침에 형들의 손에 의해 애굽에 종으로 팔려 갑니다. 그러나 요셉은 낙망하지 않고 온갖 어려움을 극복한 끝에 마침내 애굽 전역을 다스리는 총리의 자리에 올랐습니다.

과연 요셉은 어떻게 자신의 믿음을 지켰기에 이러한 축복을 받을 수 있었을까요? 요셉의 삶과 신앙을 통해 우리가 깨달아야 할 내용을 네 가지로 나누어 살펴보겠습니다.

고난을 통해 자신의 부족함을 깨달아야

야곱은 가장 사랑하는 아내 라헬에게서 노년에 얻은 아들 요셉을 다른 아들들보다 더 사랑했습니다. 야곱이 요셉을 얼마나 사랑했던지 화려한 색깔의 고급 채색옷을 입히고 다른 형제들이 일하러 나갈 때도 요셉은 곁에 둘 정도였습니다. 이렇게 요셉이 아버지의 사랑을 독차지하다 보니 형제간에 문제가 생겼습니다.

요셉에게는 열 명의 이복형들이 있었는데, 그들의 입장에서는 아버지가 동생만 편애하는 것이 늘 불만이었습니다. 더구나 요셉이 형들의 잘못을 시시콜콜 아버지께 일러바치니 형들에게 미움을 샀습니다. 물론 요셉은 옳지 않은 것을 그냥 넘기지 못하는 의로운 마음으로 한 행동이지만, 그의 이런 모습 때문에 형들은 감정이 상했습니다. 엄밀히 따지자면 요셉의 행동 역시 사랑이 아니었기에 하나님 앞에서 참으로 의롭다 할 수는 없습니다.

그뿐이 아닙니다. 하루는 요셉이 꿈을 꾸었다며 형들에게 자랑을 합니다. 꿈에 형제들이 함께 밭에서 곡식을 묶는데, 형들이 묶은 곡식 단이 요셉이 묶은 곡식 단을 향해 절을 하더라는 것입니다. 형들의 입장에서는 어이없고 기분 상하는 내용이었지요.

얼마 후에 요셉은 또 꿈을 꾸었다며 자랑을 합니다. 이번에는 해와 달과 열한 별이 자신에게 절하더라는 것입니다. 요셉이 존귀하게 되어 많은 사람은 물론 부모 형제들까지도 그를 높이게 되리라는 의미가 담겨 있지요. 형들이 보기에는 그렇지 않아도 곱지 않은 동생인데, 갈수록 더 얄미운 소리만 하는 것입니다.

물론 요셉의 꿈은 하나님께서 주신 영적인 꿈이었고, 오랜 세월 후에는 그대로 이루어집니다. 그러나 요셉이 좀 더 지혜롭고 겸손했더라면 공연히 꿈 이야기를 꺼내 형들의 시기심을 불러일으키지 않고 잠잠히 마음에 담아 두었을 것입니다. 그렇지만 어린 나이에 아직 자랑하고 싶은 마음이 있고, 주변 사람의 마음을 살필 줄 아는 덕과 지혜가 부족하여 형들에게 미움을 사고 말았습니다. 이렇게 여러 일들이 쌓여 감정의 골은 점점 깊어졌고, 요셉을 미워하던 형들은 마침내 기회를 얻어 요셉을 미디안 상인에게 팔아 버립니다.

요셉이 팔려 간 것은 형들의 악한 마음 때문이지만, 요셉에게도 잘못이 없다고는 할 수 없습니다. 평소 그가 자랑이나 교만도 없고 낮은 마음으로 형들을 섬기고 사랑하며 그 마음을 맞춰 주었더라면 이런 일이 없었을 것입니다.

요한일서 5장 18절에 "하나님께로서 난 자마다 범죄치 아니하는 줄을 우리가 아노라 하나님께로서 나신 자가 저를 지키시매 악한 자가 저를 만지지도 못하느니라" 말씀합니다. 따라서 질병의 문제가 있거나 가정, 일터, 사업터에서 어떤 어려움을 당하고 있다면 그것은 다른 사람의 탓이 아닙니다. 먼저 자신을 돌아보아야 합니다.

우리가 누구도 미워하지 않고 교만하지 않으며 섬기고 사랑했다면 하나님께서 지켜 주십니다. 하나님 말씀대로 살았으므로 질병이 틈탈 리 없고, 가정이나 일터, 사업터에도 어려움이 생길 리 없는 것입니다. 그런데도 사람들은 어려움을 당하면 "부모님 때문에, 자녀 때문에", 혹은 "누구 때문에 내가 이 지경이 되었다." 하거나 "하늘도 무심하시다." 하며 상대를 탓하니 참으로 안타까운 일입니다.

그러므로 정녕 믿음 있는 사람이라면 어려움을 겪을 때 자신의 부족함이 무엇인지 돌아보아야 하겠습니다. 하나님을 믿는다 하면서도 십일조를 하지 않았다거나, 주일을 온전히 지키지 않은 죄, 미움, 시기, 욕심, 교만, 간음, 판단, 정죄 등의 비진리가 있다면 철저히 회개해야 합니다. 이렇게 죄를 회개하고 하나님 앞에 막힌 담을 헐 때 기도에 응답이 되는 것입니다.

어떤 상황에서도 낙심하지 않아야

요셉 당시 목동들은 양 떼에게 풀을 먹일 만한 목초지를 찾아 3~4일씩 집을 떠나 들판에서 생활할 때가 많았습니다. 하루는 요셉이 멀리 세겜에서 양을 치는 형들의 안부를 살피기 위해 아버지의 심부름을 갔습니다. 도단까지 간 형들은 멀리 요셉이 오는 것을 보면서 "꿈꾸는 자가 오는도다"라고 비웃으며 그를 죽이기로 모의합니다.

그러나 맏형 르우벤의 뜻에 따라 죽이지는 않고 물 없는 구덩이에 집어넣기로 했습니다. 르우벤은 요셉을 살려 아버지께로 보내려는 마음이었지요. 그런데 잠시 르우벤이 자리를 비운 사이 넷째 형 유다의 제안으로 미디안 상인에게 은 이십 개를 받고 요셉을 팔아 버립니다. 하루아침에 요셉은 미디안 상인들에게 팔려가서 애굽의 노예로 전락하고 말았습니다.

피를 나눈 형제들의 손에 의해 낯선 타국에 팔려가 의지할 사람 하나 없고 말조차 통하지 않으니 그 슬픔과 막막함, 두려움이 어떠했겠습니까? 이런 상황에서도 요셉은 낙심하지 않았습니다. 비록 온전하지 않으므로 이런 연단을 받았지만 어떤 어려움 속에서도 하나님께서 자신을 인도하시리라는 믿음이 있었기 때문입니다. 또한 하나님께서 자신에게 주셨던 꿈대로 자신을 존귀한 자리에 이르게 하시리라는 소망과 믿음이 있었기 때문이지요. 그 믿음이 있었기에 요셉은 13년이나 되는 외롭고 긴 연단의 세월을 잘 이겨낼 수 있었습니다.

요셉이 노예로 팔려 간 곳은 애굽 왕의 시위대장 보디발의 집이었습니다. 그곳에서 요셉은 성실하게 직무를 감당했습니다. 요령 피우지 않고 최선을 다해 일하니 때가 되자 하나님께서 주인 보디발의 눈에 띄도록 주관하셨습니다. 정직하고 현명한 데다 주인에게 헌신적인 요셉을 눈여겨본 보디발은 그가 하는 일이라면 무엇이든지 하나님께서 잘되게 하신다는 사실을 알게 되었습니다. 이렇게 요셉을 신임하게 된 보디발은 그를 자기 집 제반 사무를 맡아 관리하는 가정 총무로 세웠습니다.

그런데 용모가 준수하고 아담한 요셉에게 좋지 않은 마음을 품은 이가 있었습니다. 보디발의 아내였지요. 요셉에게 동침하자고 유혹했지만, 요셉은 "내가 어찌 이 큰 악을 행하여 하나님께 득죄하리이까" 하며 단호히 거절합니다. 그런데도 보디발의 아내는 포기하지 않고 날마다 유혹하다가, 한번은 요셉이 도망하자 앙심을 품고 누명을 씌웁니다. 오히려 요셉이 자신을 희롱하려 했다는 것이지요.

진실치 못한 아내의 말만 듣고 화가 난 보디발은 요셉을 감옥에 넣어 버렸습니다. 졸지에 죄인이 되어 왕의 노여움을 산 죄수들이 갇히는 깊은 감옥에 들어가 평생 나올 길 없는 처지가 된 것입니다. 누명을 썼지만 요셉은 억울해하거나 어떤 변명도 하지 않았습니다.

만약 자신이 이런 상황에 놓였다면 어떻겠습니까? 꿈을 이루기 위해, 혹은 응답받기 위해 날마다 기도하며 어떤 상황에서도 하나님 말씀대로 살려고 최선을 다했다고 합시다. 그런데 원하는 응답은 오지 않고 오히려 더 큰 어려움이 닥친다면 과연 요셉처럼 흔들리지 않는 믿음을 내보일 수 있을까요? 이런 상황에도 변함없이 기뻐하고 감사하며 끝까지 하나님을 신뢰할 때 이것이 바로 응답받을 수 있는 믿음입니다.

다니엘은 기도에 응답받기까지 21일이나 걸렸습니다(단 10장). 하나님께서는 다니엘이 기도한 첫날에 이미 천사를 통해 응답을 주셨지만 그 천사가 도착할 때까지 공중 권세 잡은 악의 영들과 영계의 싸움이 있었으므로 시일이 걸렸던 것이지요. 만일 다니엘이 10일이나 20일까지 구하다가 응답이 더디다고 생각하여 포기했거나 혹은 부정적인 말을 해 버렸다면 천사는 돌아갈 수밖에 없었을 것입니다. 그러나 한 번 구한 것은 이미 응답받은 줄 믿었기에 다니엘은 끝까지 변함없이 구할 수 있었습니다.

이처럼 우리도 응답받기 위한 그릇을 준비하는 기간이 반드시 필요합니다. 하나님께서는 공의와 질서의 하나님이시므로 우리의 기도를 들으실 때도 순리를 좇아 응답하십니다.

예를 들어, 누군가 대기업의 회장이 되겠다는 꿈을 가지고 기도한다고 합시다. 정녕 믿음으로 기도했다면 하나님께서는 즉시 응답하시지만, 기업체를 순간에 만드시고 그 사람을 회장의 자리에 앉히는 것이 아닙니다. 먼저 그 분야에서 낮은 자리부터 시작하여 전문 지식을 섭렵하여 능력을 개발하게 하시고 사람의 심리와 세상 돌아가는 이치를 알게 하시지요. 뿐만 아니라 여러 경험과 지혜를 쌓게 하면서 큰 기업체를 이끌 수 있는 회장다운 그릇을 만들어 가십니다.

때로는 어려운 고비를 만나기도 하고 어떤 때는 자신의 꿈과는 너무나 거리가 먼 초라한 자리에서 별 진보도 없이 시간만 가는 것처럼 보일 때도 있습니다. 그러나 그 모든 시간들을 끝까지 믿음으로 견뎌내는 사람은 하나님의 연단 가운데 아름다운 그릇으로 나옵니다. 그러면 하나님께서도 더 이상 지체하지 않고 소원을 이루어 주십니다. 이렇게 그릇을 만들기까지 사람이 보기에는 답답하고 곤고한 시간이라 해도 믿음의 눈으로 바라볼 때는 이미 응답을 받고 열매를 맺는 과정인 것입니다.

마가복음 11장 24절에 "무엇이든지 기도하고 구하는 것은 받은 줄로 믿으라 그리하면 너희에게 그대로 되리라" 하신 대로 정녕 믿음으로 기도한 사람은 자신이 하나님께 구한 것을 이미 받은 줄로 믿습니다. 당장 눈에 보이는 응답이 없거나 오히려 고난이 와도 기뻐하고 감사하며 언제나 믿음의 고백을 합니다. 진정한 믿음의 고백은 반드시 고백대로 이루어집니다.

믿음이 있는 사람은 응답이 주어지는 그 순간까지 포기하지 않고 기도합니다. 질병을 치료받으려고 기도받을 때에도 믿음으로 나오는 분들은 얼굴만 봐도 벌써 알 수 있습니다. 근심과 고통에 짓눌려 잔뜩 찡그린 얼굴이 아니라 이미 나은 줄로 믿기 때문에 기쁨과 감사로 빛나는 얼굴이지요.

그 믿음을 보신 하나님께서는 즉시 치료하시기도 하고, 혹은 잠자는 사이에 온전케 하시는 경우도 있습니다. 또 병세를 호전시켜 주시거나 다른 영적인 체험을 하게 하심으로 계속 믿음으로 행할 수 있는 힘을 주시기도 합니다. 그리하여 때가 이르면 반드시 온전케 하시는 것입니다.

성실함으로 세상 사람의 인정을 받아야

요셉은 누명을 쓰고 감옥에 갇힌 후에도 낙심하지 않고 믿음으로 하나님을 의지했습니다. 믿음이 있다고 마냥 기다리기만 한 것이 아닙니다. 하나님 앞에 범죄하지 않을 뿐만 아니라 주위 사람에게 밝고 성실한 모습으로 섬기고 희생하며 착한 행실로 빛과 소금이 되어 주었습니다. 최선을 다해 힘써 하나님을 기쁘시게 해 드렸지요.

이런 요셉이었기에 하나님께서는 그가 가는 곳마다 범사에 사랑과 인정을 받게 하셨습니다. 그래서 보디발의 집에서만이 아니라 감옥에서도 전옥의 인정을 받아 옥중의 제반 사무를 감당하게 되었습니다. 정녕 하나님을 믿는다면 이처럼 사람 앞에도 인정받는 행함이 나오는 것입니다.

어느 날, 왕의 술 맡은 관원장과 떡 굽는 관원장이 관직을 박탈당하고 요셉이 갇힌 감옥에 들어왔습니다. 하루는 이들 두 사람이 각각 꿈을 꾸었는데, 신기하게도 요셉이 해석해 준 대로 사흘 뒤에 떡 굽는 관원장은 죽게 되었고, 술 맡은 관원장은 복직이 되었습니다.

그로부터 2년이 지난 뒤, 바로 왕이 이상한 꿈을 꾸었습니다. 첫 번째 꿈은 아름답고 살진 일곱 암소가 하수에서 올라와 갈밭에서 뜯어먹는데 그 뒤에 흉악하고 파리한 일곱 암소가 나와 아름답고 살진 일곱 암소를 먹어 버리는 것이었습니다. 두 번째 꿈은 한 줄기에 무성하고 충실한 일곱 이삭이 나오더니 그 후에 세약하고 동풍에 마른 일곱 이삭이 나와 무성하고 충실한 일곱 이삭을 삼키는 것이었습니다.

이상한 꿈을 두 번이나 겹쳐 꾼 왕은 그것을 해석해 줄 사람을 찾았지만, 하나님이 주신 꿈이므로 애굽의 술객과 박사 중 어느 누구도 풀지 못했습니다. 왕은 점점 염려가 커졌지요. 그때 술 맡은 관원장이 요셉을 기억하고 왕에게 추천하였습니다. 모든 인고의 세월이 지나고 마침내 요셉의 꿈이 현실로 이루어지는 순간이 온 것입니다.

왕 앞에 서게 된 요셉은 "이는 내게 있는 것이 아니라 하나님이 바로에게 평안한 대답을 하시리이다"(창 41:16) 하며 하나님을 전합니다. 그런 뒤 명쾌한 꿈 해석을 합니다. 우선 일곱 좋은 암소와 좋은 이삭은 일곱 해의 풍년이며, 일곱 파리한 암소와 동풍에 말라 속이 빈 이삭은 다음에 이어질 일곱 해의 흉년이라는 것입니다. 흉년의 기간에 기근이 너무 심해 이전의 풍작을 기억하지 못할 정도이며, 꿈을 겹쳐 꾼 것은 하나님께서 정하신 일이므로 속히 이루어지리라는 것입니다.

이처럼 시원하게 꿈을 해석해 준 요셉은 여기서 그치지 않고 그 일을 어떻게 대처해야 하는지 방법까지 제시해 줍니다. 명철하고 지혜 있는 사람을 택하여 일곱 해의 풍년 동안에 소산을 거두어 흉년을 대비케 하라는 것이었습니다.

요셉이 풀어놓는 하나님의 지혜에 감탄한 애굽 왕은 "하나님이 이 모든 것을 네게 보이셨으니 너와 같이 명철하고 지혜로운 자가 없도다" 하며 그를 애굽 총리로 세웁니다. 왕 다음가는 직위를 받아 애굽 전역을 다스리게 되었지요. 이는 요셉이 서른 살이 되던 해의 일로서, 종으로 팔려 온 지 13년 만에 이루어진 것입니다.

환난 중에도 소망을 잃지 않고 기뻐해야

과연 요셉의 해몽대로 애굽 전역에는 7년간의 풍작이 있은 뒤에 7년 동안 큰 흉년이 계속되었습니다. 그러나 요셉의 지혜로 흉년을 대비했기에 애굽에는 충분한 식량이 있었습니다. 그 소식을 들은 사람들이 식량을 구하기 위해 애굽으로 몰려오기 시작했습니다. 가나안 땅에 있던 요셉의 형들도 애굽으로 식량을 사러 오게 되었고, 애굽 총리가 된 요셉에게 절하며 식량을 구합니다. 결국 어린 시절 요셉이 꾸었던 꿈대로 이뤄진 것이지요. 그리고 야곱의 가족은 요셉을 통해 기근에서 구원받게 되었습니다. 비록 형들은 요셉을 시기하고 미워하여 노예로 팔았지만, 하나님께서는 그 과정을 통해 그를 연단하셔서 애굽 총리로 세우고 부모와 가족을 구원하게 하신 것입니다.

이처럼 우리에게 주어진 고난은 하나님의 훈련 과정입니다. 물론 자신의 잘못으로 오는 고난이라면 자신을 돌아보아 회개해야 할 일이지만, 회개할 것이 없다면 연단을 통해 축복 주시려는 하나님의 사랑입니다. 요셉이 종으로 팔려가고, 깊은 감옥에 갇히는 일이 하나님께서 보실 때는 가장 짧은 시간에 꿈을 이룰 수 있는 축복의 시간이었습니다. 많은 사람의 머리로서 요셉의 그릇을 만들어 가는 과정이 필요했던 것입니다.

요셉이 보디발의 집에서는 큰 장관의 가정사를 총괄하며 경제와 인사에 대한 것을 배웠습니다. 이후 애굽 총리가 되어 나라 전체의 경제를 관리하기 위해서는 이런 경험이 필요했기 때문입니다. 또 왕의 감옥에서는 수감자들을 통해 총리로서 필요한 정치적 자질을 닦을 수 있었습니다. 총리가 되려면 선하고 능력이 있어야 할 뿐 아니라 악한 사람들의 온갖 권모술수나 계략 등을 알아서 다스릴 수 있어야 하기 때문이지요.

이렇게 낮은 자리를 거치면서 요셉은 더욱 겸비해졌습니다. 예전의 철없던 모습이 아니라 사랑과 덕을 갖춘 큰 마음이 되어 많은 사람을 품을 수 있게 된 것입니다. 연단을 통해 끊임없이 하나님을 의지하고 교통하면서 믿음이 장성한 분량에 이른 것은 말할 것도 없습니다.

만약 요셉이 연단받는 중에 "나는 아무 잘못도 없는데 왜 이런 어려움이 오나" 하고 원망 불평하며 성실하지 못했다면 고생만 할 뿐 아무것도 얻지 못했을 것입니다. 그러나 요셉은 믿음 가운데 하나님의 집중 훈련을 잘 받았기 때문에 자신도 모르는 사이에 강대국 애굽 전역을 치리할 수 있는 큰 그릇으로 나올 수 있었습니다. 로마서 5장 3~4절에 "우리가 환난 중에도 즐거워하나니 이는 환난은 인내를, 인내는 연단을, 연단은 소망을 이루는 줄 앎이로다" 하신 말씀을 통해 이러한 사실을 잘 깨우칠 수 있습니다.

우리 믿음의 경주도 마찬가지입니다. 어떤 응답을 받기 위해 믿음으로 구했다면 하나님께서는 사람이 측량할 수 없는 하나님의 지혜와 방법으로 인도해 가십니다. 그 길이 때로는 절망적인 상황처럼 보일 수도 있습니다. 그럴지라도 변함없이 믿음으로 기도하며 소망을 잃지 않고, 성실함으로 연단을 잘 받아 나갈 때 마침내 응답받아 영광 돌리게 되는 것입니다.

믿음과 소망으로 꿈을 이룬 요셉

요셉은 자신을 팔아버린 형들을 원망하지 않았고, 오직 하나님이 주신 꿈을 간직하며 그대로 이루어질 줄 믿고 최선을 다했습니다. 뿐만 아니라 하나님께서 일찍이 아브라함에게 약속하신 것도 굳게 믿었습니다. 그래서 애굽에서 부귀영화를 누린다 해도 그것에 안주하지 않고, 장차 이스라엘 족속이 큰 민족을 이루어 가나안 땅에 나라를 세우게 되면 자신의 해골도 함께 가져가 달라고 유언한 것입니다.

실제로 이스라엘 백성이 애굽에서 약 400년을 보낸 후에 하나님께서는 모세를 지도자로 세우고 출애굽하여 가나안을 향해 떠나게 하셨지요. 요셉은 그 약속이 성취될 것을 이미 400년 전에 믿음으로 바라보았습니다. 한 번 하나님이 말씀하신 것은 잊지 않고 명심하여 그대로 믿어 드렸던 것입니다.

히브리서 11장에는 수많은 선진들의 믿음을 기록하고 있습니다. 그중에서도 히브리서 11장 22절에는 "믿음으로 요셉은 임종 시에 이스라엘 자손들의 떠날 것을 말하고 또 자기 해골을 위하여 명하였으며" 말씀합니다. 이것은 창세기 50장 24~25절에 요셉이 이스라엘 자손들에게 남긴 유언에 관한 내용입니다.

사실 요셉이 받은 축복도 이스라엘 백성에 대한 하나님의 약속을 이루시는 과정이었습니다. 하나님께서는 인간 경작이라는 큰 섭리를 이루기 위해 이스라엘 민족을 택하여 나라를 이루게 하시고 인류를 구속할 예수님을 보내시려는 뜻을 갖고 계셨습니다.

그러나 요셉 당시의 이스라엘 백성은 아직 미약했기에 한 국가를 이룰 만큼 큰 민족으로 형성되기 위해서는 주변의 강한 적들을 피할 피난처가 필요했지요. 또 그의 시대에 7년 동안 큰 흉년이 들 것인데 이스라엘 족속이 이러한 재앙 속에서 살아남기 위해서도 큰 나라 애굽의 식량과 물자가 필요했습니다.

하나님께서는 먼저 요셉을 애굽으로 보내셔서 총리가 되게 하셨고 그를 통해 이스라엘 족속을 애굽으로 인도해 들이셨습니다. 이로 인해 큰 흉년 중에도 이스라엘 족속은 어려움을 겪지 않았고 이후로 400년 동안 번성하여 출애굽할 즈음에는 한 나라를 이룰 만큼 큰 민족이 되었습니다.

요셉이 형들에게 하는 말을 보면 이런 하나님의 섭리를 이미 알고 있었음을 나타내 줍니다. 창세기 45장 7~8절에 "하나님이 큰 구원으로 당신들의 생명을 보존하고 당신들의 후손을 세상에 두시려고 나를 당신들 앞서 보내셨나니 그런즉 나를 이리로 보낸 자는 당신들이 아니요 하나님이시라 하나님이 나로 바로의 아비를 삼으시며 그 온 집의 주를 삼으시며 애굽 온 땅의 치리자를 삼으셨나이다" 했던 것입니다.

이 고백과 같이 요셉은 하나님께서 주신 축복의 꿈을 굳게 믿음으로 이루어 냈습니다. 뿐만 아니라 아브라함 때부터 자기 민족에게 약속하신 하나님 말씀 역시 굳게 믿었기에 장차 자신이 죽은 후에라도 가나안 땅에 들어가는 축복에 동참하겠다는 소망을 가졌던 것입니다. 죽음을 맞는 순간의 마지막 유언까지도 오직 믿음의 고백임을 볼 때 요셉이 그의 평생에 얼마나 믿음으로 소망하며 꿈을 이루어 가는 사람이었는지 알 수 있습니다.

요셉의 말씀을 통해 우리는 어떤 어려움이 있다 해도 자신의 탓으로 돌리고 하나님 앞에서 겸비하게 회개해야 한다는 점을 깨우쳤습니다. 또한 참된 믿음이 있는 사람은 어떤 고난을 당해도 믿음이 흔들림이 없다는 것을 알았습니다. 자신이 믿음으로 기도한 내용과는 전혀 반대로 펼쳐지는 상황에 처할지라도 이미 받은 줄로 믿기 때문에 기뻐하고 감사하며 정도를 좇아 하나님을 기쁘시게 합니다.

또한 참된 믿음을 가진 사람은 성실함으로 사람들 앞에서도 인정받고 하나님께도 영광을 돌립니다. 현실에 불만을 품고 대충대충 하는 것이 아니라 주어진 일에 최선을 다할 때에 하나님 앞에서도 인정받아 소원을 응답받게 됩니다. 자신에게 주어진 연단이 오히려 축복이 되는 것입니다.

이처럼 믿음으로 소망을 이루어 가는 사람들에 대해 히브리서 6장 19절에 "우리가 이 소망이 있는 것은 영혼의 닻 같아서 튼튼하고 견고하여 휘장 안에 들어가나니" 했습니다. 닻이 없는 배는 바람과 파도가 거세지면 심하게 요동하다가 떠내려가고 맙니다. 그러나 든든히 닻을 내린 배는 험한 풍랑에도 휩쓸리지 않고 항구에 안전히 머무를 수 있습니다.

우리가 꿈과 비전을 이루며 마침내 영원한 천국에 들어가기까지는 여러 시험과 환난이 닥칠 수도 있습니다. 그러나 하나님의 약속을 믿으며 변함없이 꿈과 소망을 가질 때에는 이것이 영혼을 굳건히 하는 닻이 됩니다. 어떤 역경 속에서도 튼튼하고 견고하게 우리의 믿음을 지탱하여 하나님의 축복 가운데로 인도하는 것이지요.

그러므로 요셉과 같이 변함없는 믿음을 소유하여 영광스러운 천국에 들어가는 그날까지 응답과 축복이 넘치는 삶을 영위하시기 바랍니다.

Chapter 5

상 주심을 바라봄으로

믿음은 상 주시는 하나님을 바라보는 것
하늘의 상급을 바라본 모세의 신앙
애굽의 왕자로서 이 땅의 부귀영화를 버리는 믿음
어떤 고난도 참고 생명 다해 사명을 감당하는 믿음의 행함
범사에 하나님을 인정하고 의지하는 믿음
하나님의 깊고 넓으신 마음을 느낄 수 있어야

믿음으로 모세가 났을 때에
그 부모가 아름다운 아이임을 보고
석 달 동안 숨겨 임금의 명령을 무서워 아니하였으며
믿음으로 모세는… 그리스도를 위하여 받는 능욕을
애굽의 모든 보화보다 더 큰 재물로 여겼으니
이는 상 주심을 바라봄이라
믿음으로 애굽을 떠나 임금의 노함을
무서워 아니하고…
믿음으로 저희가 홍해를 육지같이 건넜으나
애굽 사람들은 이것을 시험하다가 빠져 죽었으며

히브리서 11:23~29

올림픽 경기에서 금메달을 따는 선수들을 보면 그저 운이 좋았기 때문에 상을 탄 경우는 없습니다. 오랫동안 자신을 절제하며, 기량을 닦기 위해 지옥 훈련이라 할 만큼 혹독한 훈련을 겪어낸 결과이지요. 이들은 금메달을 소망하는 굳은 의지가 있고, 현재의 수고가 나중에 값진 영광으로 돌아올 것을 확신하기에 어떤 고생도 능히 감당할 수 있었던 것입니다. 그래서 피나는 수고 끝에 금메달을 따면 이제까지의 모든 고생을 잊어버릴 정도로 가슴 벅찬 감격을 맛보게 됩니다.

신앙 안에서도 마찬가지입니다. 하나님을 믿는다는 것은 때로는 고난과 역경을 자초하는 것처럼 보입니다. 세상 사람들이 먹고 마시며 쾌락을 추구할 때 신앙인들은 기도하고 금식하며 하나님의 뜻대로 자신을 쳐서 복종시켜야 합니다. 그러다 보면 세상에서 모든 것을 잃고 외로이 남는 것처럼 보일 수도 있습니다.

그러나 어떤 상황에서도 낙망하지 않으며 고난을 이길 수 있는 것은 천국의 소망이 있기 때문입니다. 이 땅의 삶은 잠깐이요 장차 영원한 천국에는 말할 수 없는 영광과 상급이 기다리고 있음을 믿기에, 상 주시는 하나님을 바라보며 주어진 사명을 기쁨으로 감당하는 것입니다.

믿음은 상 주시는 하나님을 바라보는 것

어떤 이들은 상 주시는 하나님을 바라보는 것이 옳지 않은 일인 것처럼 말하기도 합니다. 하나님을 사랑하면 무조건 충성하고 봉사하며 물질을 드리는 것이지, 어떤 대가를 바라는 마음은 잘못되었다는 것입니다. 그러나 이는 하나님의 뜻을 잘못 이해한 데서 비롯된 생각입니다.

우리가 하나님께 바라는 상은 세상 사람들이 생각하는 것과는 다릅니다. 부귀영화를 얻어 그저 자신이 잘 먹고 잘살겠다는 것이 아니지요. 하나님의 자녀로서 큰 믿음을 가지고 그 믿음의 보상으로 축복을 받아 더 많은 영혼들을 구원하며 하나님의 영광을 드러내고자 하는 것입니다. 그러므로 우리가 상 주시는 하나님을 바라보는 것은 결코 이기적이거나 온전치 못한 마음이 아닙니다.

히브리서 11장 6절에 "믿음이 없이는 기쁘시게 못하나니 하나님께 나아가는 자는 반드시 그가 계신 것과 또한 그가 자기를 찾는 자들에게 상 주시는 이심을 믿어야 할지니라" 말씀하신 것처럼 하나님의 상을 바라본다는 것 자체가 믿음이므로 하나님께서 기뻐하시지요.

이처럼 하나님께서 상 주실 것을 바라는 믿음이 있을 때에 어떤 역경이나 시련도 이겨낼 수 있습니다. 아무리 어려운 상황에서도 믿음으로 승리하여 결국은 하나님께 큰 영광을 돌릴 수 있는 것입니다. 그러면 모세 선지자를 통해 상 주심을 바라보는 믿음이란 어떠한 것을 의미하는지 살펴보겠습니다.

하늘의 상급을 바라본 모세의 신앙

하나님의 선민인 이스라엘 족속은 하나님의 섭리 가운데 요셉이 애굽 총리로 있던 때에 애굽 땅으로 이주했습니다. 하나님의 지혜를 받은 요셉 덕분에 애굽은 기근을 모면할 수 있었고, 애굽 왕과 백성들은 요셉에게 큰 은혜를 입었지요. 그러므로 당시 애굽 왕은 요셉과 이스라엘 족속을 매우 환대했습니다.

세월이 지나 요셉을 알지 못하는 왕이 애굽을 다스리자 상황은 달라졌습니다. 이스라엘 족속이 크게 번성하니 애굽 왕에게는 그들이 위협적인 존재이자 눈엣가시와 같이 여겨졌지요. 애굽에 7년 가뭄이 들었던 당시 만약 요셉이 없었더라면 그 나라 백성 대다수가 굶어 죽을 수밖에 없었을 것입니다. 그런데도 그 후손들은 은혜를 잊어버리고 오히려 이스라엘 백성을 노예로 부리며 핍박합니다.

노역에 시달리던 이스라엘 백성은 탄식하며 하나님께 구원해 달라고 부르짖습니다. 이때 나타난 인물이 바로 모세입니다. 모세는 B.C. 1500년경, 이스라엘 백성이 애굽 땅에서 노예생활을 하던 암울한 시기에 태어났습니다. 바로 왕은 이스라엘 백성의 번성을 막기 위해 새로 태어나는 사내아이들을 모두 죽이라는 명령까지 내립니다.

모세도 태어날 때 죽게 될 처지였지만 그의 부모는 하나님을 믿음으로 석 달 동안 아이를 집 안에 숨겨서 키웠습니다. 석 달이 지나 아이의 울음소리가 커지고 더 이상 숨겨둘 수 없는 상황에 이르자 모세의 어머니는 그를 갈대 상자에 넣어 강물에 띄워 보냅니다. 그렇게 함으로써 하나님의 구원을 기대했던 것이지요.

마침 애굽 공주가 강에 목욕을 하러 나왔다가 갈대 상자에 담긴 모세를 발견하고 건져냈습니다. 그것을 지켜보던 모세의 누이 미리암은 친어머니를 아이의 유모로 추천하였습니다. 그리하여 모세는 공주의 양자가 되어 왕궁에서 친어머니의 손에 자라게 되었지요.

이러한 과정은 결코 우연이 아닙니다. 애굽의 공주가 그때 그 장소에 나타난 것도, 모세가 친어머니의 손에 자라게 된 것도 모든 것을 알고 계획하신 하나님의 섭리였습니다. 이렇게 정확한 하나님의 역사로 모세는 생명을 건졌을 뿐만 아니라 애굽 왕자의 자리에 있으면서도 친어머니 밑에서 하나님께 대한 신앙을 키울 수 있었습니다.

어려서부터 이스라엘의 하나님 여호와에 대해 배웠고, 자기 민족이 하나님의 택함을 받은 선민인 것과 애굽 땅에서 살게 된 배경도 듣게 되었습니다. 또한 앞으로 하나님께서 자신들을 축복의 땅으로 인도하며 큰 나라를 이루시리라 약속한 것도 알게 되었지요. 그러면 모세가 어떻게 상 주시는 하나님을 바라보고 믿음으로 행하여 하나님께 영광을 돌렸을까요?

애굽의 왕자로서 이 땅의 부귀영화를 버리는 믿음

그 당시 애굽은 앞서가는 문명을 이룬 강대국이었기에 왕자의 권세도 참으로 대단했습니다. 왕궁에서 공주의 양자로 머무는 한 모세는 평생 부귀영화를 보장받을 수 있었지요. 날마다 산해진미를 먹을 수 있고, 값비싼 옷을 입으며, 금은보화로 단장된 화려한 왕궁에서 연락을 즐길 수 있습니다. 말 한 마디에 많은 사람을 움직일 권세가 있고, 가는 곳마다 최고의 대우를 받으며, 안락하고 평안한 삶을 누릴 수 있는 것입니다.

이처럼 부러울 것이 없는 환경 속에서도 모세는 이에 만족하지 않았습니다. 애굽 땅에서 압제와 고통을 당하는 자기 민족을 해방시켜야겠다는 마음이 언제나 떠나지 않았지요.

그러던 어느 날, 모세가 스스로 바로 왕의 궁정을 등질 수밖에 없는 사건이 생깁니다. 애굽 사람이 모세의 동족인 히브리 사람을 때리는 것을 보고 그만 의분이 나서 애굽 사람을 쳐죽인 것입니다. 결국 그것이 발각되어 광야로 도망치는 신세가 되고 말았습니다.

사람이 처음부터 가난하게 살았다면 더 궁핍한 처지가 되어도 비교적 견딜 힘이 있습니다. 그렇지만 부요하게 자란 사람이 하루아침에 빈털터리가 되면 현실적인 어려움에다 정신적인 고통까지 더하여 극복하기가 쉽지 않지요. 더구나 40년이라는 긴 세월을 왕자로 살아온 모세에게 있어서, 자신의 신분을 포기한다는 것은 참으로 대단한 결단이 필요한 것입니다.

그는 이제 화려한 왕궁의 안락한 침대와 휴식 대신 황량한 광야에서 양 떼를 돌보는 일을 해야 했습니다. 요리사가 해 주는 맛있는 음식은 고사하고 당장 끼니를 걱정해야 합니다. 앞날에 대한 꿈도 소망도 없습니다. 언제 군사들에게 붙잡혀 목숨을 잃을지 모르는 상황이니 애굽으로 돌아갈 수도 없고 도망자의 몸으로 평생을 살아야 하는 것입니다.

그럼에도 이 모든 고난의 길을 모세는 오직 하나님을 위하여 스스로 선택하였습니다. 이에 대해 히브리서 11장 24~26절을 보면 "믿음으로 모세는 장성하여 바로의 공주의 아들이라 칭함을 거절하고 도리어 하나님의 백성과 함께 고난받기를 잠시 죄악의 낙을 누리는 것보다 더 좋아하고 그리스도를 위하여 받는 능욕을 애굽의 모든 보화보다 더 큰 재물로 여겼으니 이는 상 주심을 바라봄이라" 말씀합니다.

여러분이 모세의 입장이라면 과연 어떠했겠습니까? 수십 년 혹은 평생 쌓아 온 모든 것을 아무 망설임 없이 하나님을 위해 버릴 수 있겠는지요? 예수 그리스도로 인해 모든 재산을 포기해야 한다면 그래도 기쁨으로 "아멘." 하실 수 있겠습니까? 많은 사람들의 존경과 사랑, 칭찬 대신 주님을 위해 멸시 천대를 받고 수치를 당해야 한다면 과연 그 길을 기쁨으로 갈 수 있을까요? 믿음이 있다면 아무리 소중한 것이라도 주님을 위해 모두 버릴 수 있을 것입니다.

그런데 어떤 사람은 하나님께서 주신 사명을 감당하면서도 자신의 지위나 권세를 누리는 데 목적이 있는 것을 봅니다. 양 떼에게 인정받기 원하고 "믿음이 있다, 능력이 있다." 하며 남이 자기를 알아주기 원하지요. 이처럼 사람이 주는 영광을 바라보는 자체가 상 주시는 하나님을 온전히 믿지 못한다는 증거입니다. 모세는 오직 하나님께서 주실 상급을 바라보았기에 이 땅의 부귀영화를 포기할 수 있었고, 그 결과 믿음의 사람으로서 성경에 영광스러운 이름을 남길 수 있었습니다.

어떤 고난도 참고 생명 다해 사명을 감당하는 믿음의 행함

모세가 애굽의 왕궁에서 도망쳐 나온 후로 하나님께서는 광야에서 그를 40년간 연단하신 후 마침내 민족의 지도자로 세우십니다. 애굽으로 돌아가서 이스라엘 백성을 노예생활에서 해방시키고 가나안 땅으로 인도하는 사명을 주셨지요.

어떤 명예나 권세도 없이 애굽의 왕 앞에 나가는 것이나 장정만도 60만 명이나 되는 백성들을 이끌고 가나안 땅을 향해 가는 것은 믿음이 없이는 도저히 갈 수 없는 여정이었습니다. 매 순간 순간이 목숨조차 위태로운 상황이었지만 모세는 오직 하나님만 바라보고 나갑니다. 믿음이 있었기에 기세등등한 애굽의 바로 왕 앞에 서서 이스라엘 백성을 풀어 달라고 담대히 말할 수 있었습니다. 또한 애굽 군대가 추격해 오는 위기의 순간에도 믿음으로 홍해를 가르고 백성들과 마른 땅을 지나듯 바다 가운데를 건널 수 있었지요.

뒤쫓아오던 애굽 군대가 수장되는 것을 본 이스라엘 백성들은 감격에 젖어 하나님을 찬양합니다. 이러한 출애굽의 감격이 채 가시기도 전에 이스라엘 백성들은 모세에게 불평하기 시작했습니다. 먹을 물과 양식이 떨어졌기 때문입니다. 끝없는 광야 길을 걷는 것도 힘든데 이제는 굶어 죽을지 모른다는 두려움까지 엄습하니 이들의 원성은 높아만 갔습니다.

심지어 애굽에서 잘살고 있던 자신들을 광야로 끌어내 죽게 한다고 모세를 원망했지요. 이전에 자신들이 애굽의 노예생활에서 건져달라고 얼마나 간절히 기도했었는지는 까맣게 잊어버린 것입니다. 모세는 오직 백성들을 위해 목숨을 걸고 많은 위기를 겪으며 고생을 했지만 그들에게서 감사하다는 말 한 마디 듣지 못했습니다. 오히려 물에 빠진 사람 건져 주니 보따리 달라는 것과 같았습니다.

자신들을 구원해 주신 하나님의 능력을 불신하고, 홍해를 갈라 생명을 건져 주신 하나님의 은혜를 망각한 백성의 모습을 볼 때 모세는 하나님 앞에 심히 민망했을 것입니다. 이렇게 믿음 없는 백성들을 가나안 땅까지 이끌고 갈 일을 생각하면 막막함에 절로 탄식이 나오지 않겠습니까. 이런 상황 속에서도 모세는 절망하거나 하나님께서 주신 사명을 포기하지 않았습니다. 모든 것을 아시고 무엇이나 하실 수 있는 하나님을 바라보고 의지했던 것입니다.

하나님께서는 모세의 믿음을 보고 백성들을 먹일 양식을 주십니다. '만나' 라는 양식을 날마다 하늘에서 비처럼 내려 주셨던 것입니다. 그런데 백성들은 이러한 이적을 보고도 얼마 지나지 않아 또다시 모세를 원망합니다. 이번에는 마실 물이 부족하다며 '광야에서 목말라 죽느니 애굽에서 종살이하는 것이 나을 뻔했다.' 고 불평합니다(민 21:5). 이렇게 어려움이 있을 때마다 번번이 원망하고 불평하는 것이 이스라엘 백성들의 모습이었습니다.

모세가 백성의 지도자가 된 것은 스스로 원한 일이 아니었습니다. 오직 하나님의 뜻에 따라 택함을 받고 부름 받아 그 사명을 감당하게 된 것이지요. 더구나 그는 백성을 위해 애굽 왕자의 지위도 버린 사람입니다. 그런데 돌아온 대가는 강퍅한 백성들을 이끌고 머나먼 광야 길을 가야 할 책임입니다. 수많은 백성들의 생활을 돌보는 것도 고생스러운데 그렇다고 그들이 모세의 마음을 알아주는 것도 아닙니다. 조금만 어려움이 오면 그를 원망하고 심지어 돌로 치려고까지 하였지요. 악한 말로 하나님을 원망하며 반역하기도 합니다.

당시 모세의 기도를 보면 그 심정을 어느 정도 느낄 수 있습니다. "이 모든 백성을 내가 잉태하였나이까 내가 어찌 그들을 생산하였기에 주께서 나더러 양육하는 아비가 젖 먹는 아이를 품듯 그들을 품에 품고 주께서 그들의 열조에게 맹세하신 땅으로 가라 하시나이까"(민 11:12) 얼마나 힘이 들고 답답했으면 이런 기도를 올렸을까요?

하나님께서도 믿음 없는 백성들에게 진노하여 "이 백성이 어느 때까지 나를 멸시하겠느냐 내가 그들 중에 모든 이적을 행한 것도 생각하지 아니하고 어느 때까지 나를 믿지 않겠느냐"(민 14:11) 말씀하십니다. 곧 현실을 바라보고 절망하는 자체가 전능하신 하나님을 멸시하는 것이요, 믿음이 아니라는 말씀입니다.

하나님께서는 이스라엘 백성 앞에서 얼마나 많은 표적과 기사를 베푸셨습니까? 애굽 왕이 백성을 보내주려고 하지 않자 하나님께서 그 앞에 열 재앙을 베풀어 그들을 이끌어 내셨고, 홍해를 갈라 마른 땅으로 건너게 하시며, 마실 물이 없을 때에는 반석에서 물이 솟게 하셨지요. 그런데도 이스라엘 백성들은 전능하신 하나님을 믿지 못하고 조금만 어려움이 닥쳐도 모세를 원망했던 것입니다.

이스라엘 백성이 모세를 원망하는 것은 그를 세우신 하나님을 원망하는 것과 같습니다. 하나님께서는 모세를 백성들에게 하나님처럼 보이게 하셨습니다. 그리고 모세를 대면하여 만나 주시고 그가 간구하는 것마다 들어 주셨지요. 쓴 물을 단물로 바꿔 주시는 일까지 있었습니다(출 15:22~25).

가나안 땅은 보이지 않고 백성들의 원망이 더해 가는 현실 속에서 모세에게 믿음이 없었다면 어찌했을까요? 이제 그만 자신의 짐을 내려놓고 싶은 마음도 들 것입니다. 혹은 예전에 애굽의 왕자로 있을 때를 그리워하며 자신이 하나님을 위해 택한 길을 후회할 수도 있습니다.

세상에서는 회사가 어려울 때 머리 된 사람이 자기 살 길만 찾아 숨어 버리는 일이 있지요. 어떤 경우는 사람들의 멸시하는 눈빛과 직원들의 원망을 견디지 못해 자살하기도 합니다. 책임자로서 모든 짐을 진다는 것은 그만큼 어려운 일이고, 심약한 사람들에게는 생명을 포기할 정도로 고통스러운 일인 것입니다. 그러나 모세는 어떤 상황에서도 책임을 회피하거나 사명을 포기하지 않았습니다.

사람이 주는 어떤 기쁨을 바라본 것도 아니며, 현실이 힘들다고 해서 낙심하지도 않았습니다. 장차 모든 사명을 감당한 후에 하나님께서 주실 상급만을 바라보았던 것입니다. 그리고 어떤 고난 속에서도 불가능을 가능케 하시는 하나님을 바라보고 간구했습니다. 또한 사명을 억지로 감당한 것이 아니라 온 힘과 중심을 다하여 감당했지요.

그런 중심이었기 때문에 자신을 원망하고 대적하는 백성들을 위해 대신 회개할 뿐 아니라, 하나님께서 그들을 멸하려 하실 때에 "그러나 합의하시면 이제 그들의 죄를 사하시옵소서 그렇지 않사오면 원컨대 주의 기록하신 책에서 내 이름을 지워 버려 주옵소서"(출 32:32)라고 기도할 수 있었던 것입니다.

모세는 하늘나라 생명책에서 이름이 지워진다는 것이 무엇을 의미하는지 누구보다 잘 알고 있었습니다. 주의 기록하신 책에서 이름을 지워 버린다는 것은 곧 영원한 지옥으로 떨어지는 것을 의미합니다. 그럼에도 자신의 생명을 담보로 백성들을 구원해 달라고 간구하니 하나님께서 어찌 감동하시지 않겠습니까.

하나님께서는 모세를 지극히 사랑하셔서 '나의 온 집에 충성된 자'라 칭찬하며 친구와 같이 대면하여 말씀해 주셨습니다(민 12장). 그러니 그가 천국에서는 얼마나 영화로운 자리에서 주님과 함께 행복을 누리겠습니까?

모세와 같이 큰 사명은 아니라 하더라도, 어떤 직분을 감당하다 보면 이런저런 상황에 놓일 때가 있습니다. 고된 일을 도맡아서 열심히 하는데도 사람들이 인정해 주거나 칭찬해 주지 않습니다. 상사의 칭찬을 받는 것도 아니고 아랫사람들은 순종해 주지 않습니다. 무슨 문제가 생기면 자신의 잘못이 아닌데도 원망과 불평을 들어야 하고 책임을 져야 합니다.

이런 상황이라 해도 과연 기뻐하고 감사할 수 있겠습니까? "짐이 너무 무겁다." 하거나 "힘들어 쉬고 싶다." 하지는 않으십니까? 혹은 그만 사명을 놓고 싶다는 생각이 들지는 않았는지요. 하나님께서 우리에게 사명을 주고 열심히 충성하게 하시는 것은 이를 통해 마음을 연단하여 그리스도의 마음을 닮게 하시려는 것입니다. 또한 상급을 쌓아 하늘에서 큰 영광을 얻도록 하시기 위함입니다.

우리가 하나님의 나라를 위해 행한 것은 무엇이나 천국의 각종 상급으로 쌓여 결국 자신에게 돌아오는 것입니다. 그런데 오늘날 하나님을 믿는다 하면서도 범사에 하나님을 인정치 못하는 이들을 보면 얼마나 안타까운지요. 사람이 아무리 애를 태우며 많은 돈을 들이고 동분서주하여도 고치지 못하는 질병이 많고, 원하는 바를 이루지 못하는 경우가 허다합니다.

그러나 우리가 하나님 말씀대로 행하며 먼저 하나님의 나라와 의를 구하면 하나님께서 건강, 물질, 가족의 문제 등 모든 것을 책임져 주십니다. 물론 저의 경우, 오직 주님을 위해 살아오는 중에 때로는 애매히 고난을 받아야 했고 온갖 핍박과 오해도 있었습니다. 또한 믿었던 성도들에게 배신도 당해 보았고 억울한 누명을 쓰기도 하는 등 사람으로서는 견디기 힘든 일들을 겪어 왔습니다. 그러나 이 모든 것을 감사와 기쁨으로 이길 수 있었던 것은 바로 중심을 감찰하시는 하나님께서 반드시 행한 대로 갚아 주시고 상 주실 줄 믿었기 때문입니다.

그 믿음의 증거로 하나님께서는 무수한 권능의 역사를 나타내고 계십니다. 예수님께서 요한복음 14장 11절에 "내가 아버지 안에 있고 아버지께서 내 안에 계심을 믿으라 그렇지 못하겠거든 행하는 그 일을 인하여 나를 믿으라" 하신 것처럼, 창조주 하나님만이 베푸실 수 있는 권능으로 함께하시는 증거를 보이시는 것입니다.

범사에 하나님을 인정하고 의지하는 믿음

이스라엘 백성들은 하나님의 권능을 수없이 체험했으면서도 막상 어려움이 오면 모세를 원망했습니다. 그러나 모세는 어떤 어려운 일을 만나든지 오직 하나님 앞에 간구했지요. 이는 바로 하나님을 믿는 믿음이 있었기 때문입니다. 곧 애굽에서 이끌어내신 하나님께서 자신이 처한 모든 상황을 아실 뿐 아니라 능치 못할 일이 없음을 마음 중심에서 믿었던 것이지요. 이처럼 중심에서 믿으면 반드시 하나님의 역사가 따릅니다.

악한 무리들이 모세를 비방하며 반역할 때에도 모세는 같이 싸우거나 변론하지 않고 오직 공의로우신 하나님 앞에 맡길 뿐이었습니다. 백성들이 광야 생활에 지칠 즈음, 고라가 백성들을 미혹하여 모세를 대적하는 일이 생깁니다. 고라는 모세의 사촌 형으로, 자신이 모세나 아론보다 못할 것이 없는데 그들이 제사장의 권세를 갖고 있는 것이 못마땅했습니다. 그래서 유력한 족장들 중 250명을 꾀어 함께 모세를 대적합니다(민 16:3).

고라와 함께 당을 지은 다단과 아비람은 "네가 우리를 젖과 꿀이 흐르는 땅에서 이끌어 내어 광야에서 죽이려 함이 어찌 작은 일이기에 오히려 스스로 우리 위에 왕이 되려 하느냐"는 기막힌 말을 합니다. 가나안 땅에 들어가지 못한 것을 모세의 탓으로 돌리는 것입니다. 이 일로 모세가 하나님 앞에 엎드리자 하나님께서는 모세와 아론에게 백성들을 순식간에 멸할 것이니 그들에게서 떠나라고 하십니다(민 16:21).

그러자 모세는 백성들 앞에서 "곧 이 사람들의 죽음이 모든 사람과 일반이요 그들의 당하는 벌이 모든 사람의 당하는 벌과 일반이면 여호와께서 나를 보내심이 아니어니와 만일 여호와께서 새 일을 행하사 땅으로 입을 열어 이 사람들과 그들의 모든 소속을 삼켜 산 채로 음부에 빠지게 하시면 이 사람들이 과연 여호와를 멸시한 것인 줄을 너희가 알리라" 하고 담대히 선포합니다(민 16:29~30).

고라와 다단과 아비람의 죽음을 예언하는 말이 떨어지자마자, 땅이 갈라지면서 그들을 산 채로 삼키고 말았습니다. 고라의 가족과 그에게 속한 모든 사람과 물건까지 모두 땅 속으로 들어간 후에야 땅이 다시 합쳐졌지요. 하나님께서는 모세의 말을 철저히 보장해 주셨던 것입니다. 이처럼 작은 일이나 큰 일이나 범사에 하나님을 인정하고 의지해 나가면 하나님께서는 그 믿음대로 역사해 주십니다.

참 믿음이 있다면 현실이 아무리 막막하고 설령 생명의 위협이 온다 할지라도 좌절하거나 두려워할 까닭이 없습니다. 세상과 타협하며 사람에게 의존할 필요도 전혀 없는 것입니다. 그러므로 시편 119편 105절에 "주의 말씀은 내 발에 등이요 내 길에 빛이니이다" 하는 시편 기자의 고백과 같이 범사에 하나님을 인정하고 의지하시기 바랍니다.

하나님의 깊고 넓으신 마음을 느낄 수 있어야

하나님께서는 왜 인생들을 지으시고 이 땅에서 수고와 눈물을 체험하게 하실까요? 왜 때로는 연단을 허락하시고, 또 '죽도록 충성하라'(계 2:10) 말씀하실까요? 하나님 나라를 위해 우리의 시간과 물질, 명예와 권세 등 가진 것을 다 버리라 하시는 경우도 있습니다. 이는 우리를 너무나 사랑하시기 때문입니다.

만약 자녀를 온실 속의 화초처럼 양육한다고 생각해 보십시오. 학교도 안 보내고, 그저 놀고 먹게 하면서 자녀가 원하는 대로 편하게만 해 준다면 그 자녀는 평생 무능력한 사람으로 살아갈 것입니다. 반대로 이런저런 경험도 쌓고, 고생도 해 보고 어려움을 겪어 본 자녀는 강인하고 지혜로운 사회인으로 성장할 수 있습니다.

마찬가지로 우리도 이 땅에서 경작받으면서 눈물, 슬픔을 겪어 보며 그런 고난 중에도 자신의 믿음을 지켜낼 때 큰 믿음의 사람, 강한 영적 장수로 나와 하나님의 축복을 받을 수 있습니다. 또 그런 만큼 천국에서도 해와 같이 빛나는 영광 중에 많은 상급들을 받지요. 드넓은 터에 정금과 온갖 화려한 보석들로 장식된 집, 빛나는 면류관 등 이루 상상할 수 없는 많은 것들이 상급으로 예비되어 있습니다.

그러니 잠시잠깐 주어진 이 땅의 삶을 사는 동안 열심히 경작받아 하나님의 인정받는 자녀로 나와야 합니다. 로마서 8장 18절에 "생각건대 현재의 고난은 장차 우리에게 나타날 영광과 족히 비교할 수 없도다" 했습니다. 하나님의 아들이신 예수님께서도 이후에 받으실 영광을 바라보심으로 십자가의 고난을 즐거이 받으셨습니다. 그래서 히브리서 12장 2절에 "믿음의 주요 또 온전케 하시는 이인 예수를 바라보자 저는 그 앞에 있는 즐거움을 위하여 십자가를 참으사 부끄러움을 개의치 아니하시더니 하나님 보좌 우편에 앉으셨느니라" 말씀하신 것입니다.

사도 바울도 상 주시는 하나님을 바라보았기 때문에 주님을 위해 자신의 모든 것을 드리고 마침내 생명까지 드리면서도 그 마음에는 천국에 대한 소망이 가득했습니다. 디모데후서 4장 8절에 "이제 후로는 나를 위하여 의의 면류관이 예비되었으므로 주 곧 의로우신 재판장이 그 날에 내게 주실 것이니 내게만 아니라 주의 나타나심을 사모하는 모든 자에게니라" 하고 당당히 고백한 것만 보아도 알 수 있지요.

우리도 주님을 위해 고난을 받을수록 하늘에 상급이 쌓이니 오직 기쁨과 감사함으로 모든 것을 이길 수 있습니다. 아무도 모르게 누구를 돌보아 준 일도, 영혼들을 위해 간절히 눈물 뿌려 기도하였던 것도, 하나님을 사랑하여 열심히 모이기를 힘쓰고 맡은 직분을 감당하기 위해 애쓰는 모습도 하나님께서 다 보고 계십니다.

길을 걷다가 혹은 차를 타고 가다가도 하나님을 생각하며 마음으로 올린 찬양을 하나님은 기억하고 계십니다. 그리고 애써 모은 물질을 아낌없이 하나님 나라와 성전을 이루기 위해 드리고, 더 드리지 못해 안타까워하는 마음을 하나님께서는 모두 받으셨습니다. 한 영혼이라도 더 구원하기 위해 열심히 움직이는 발걸음도 다 보고 계시지요.

그러므로 골로새서 3장 1절에 "너희가 그리스도와 함께 다시 살리심을 받았으면 위엣것을 찾으라 거기는 그리스도께서 하나님 우편에 앉아 계시느니라" 하신 말씀대로 오직 하늘에 소망을 두고 믿음의 선한 싸움을 싸워 승리의 영광을 누리시기 바랍니다.

Chapter 6

세상이 감당치 못하는 자 1

진정한 사랑 안에는 두려움이 없고

불의 응답을 끌어내린 엘리야

현실을 바라보지 않았던 엘리사

자신의 민족을 구한 에스더

죽음 앞에서도 타협지 않았던 다니엘

변함없이 믿음을 지킨 사드락, 메삭, 아벳느고

믿음의 용사 기드온과 다윗, 여호사밧

저희가 믿음으로 나라들을 이기기도 하며
의를 행하기도 하며 약속을 받기도 하며
사자들의 입을 막기도 하며
불의 세력을 멸하기도 하며
칼날을 피하기도 하며…
궁핍(窮乏)과 환난과 학대를 받았으니
(이런 사람은 세상이 감당치 못하도다)
저희가 광야와 산중과 암혈(巖穴)과
토굴에 유리하였느니라

히브리서 11:33~38

그리스도인은 믿음의 길을 달려가는 사람들입니다. 믿음의 행함을 하나님께서 상으로 갚아 주실 것을 믿는다면 세상의 부와 명예, 권세가 그리 중요하지 않을 것입니다. 모세는 애굽 왕자로서 왕궁의 안락하고 화려한 생활을 버리고 이스라엘 민족과 함께 고난받는 길을 택했습니다. 성경에는 하나님을 위해 모든 것을 버리고 세상이 감당치 못하는 믿음으로 영광 돌린 사람들이 많이 나옵니다.

세상이 감당치 못하는 사람이란, 하나님에 대한 사랑에서 비롯된 영적인 담대함을 가진 사람을 말합니다. 이런 사람은 세상의 그 무엇도 두렵지 않습니다. 어떤 권세자나 저항할 수 없는 무력 앞에서도, 생명의 위협을 받거나 죽음 앞에 선다 해도 초연합니다. 사나운 맹수 앞에 있다 해도 평안하기에 그들의 하나님을 향한 순결한 신앙을 빼앗지 못하는 것입니다.

진정한 사랑 안에는 두려움이 없고

우리가 하나님을 사랑한다 말하지만 담대히 행하지 못하고 어떤 두려움이 있다면 하나님을 온전히 사랑한다 할 수 없습니다. 요한일서 4장 18절에 "사랑 안에 두려움이 없고 온전한 사랑이 두려움을 내어쫓나니 두려움에는 형벌이 있음이라 두려워하는 자는 사랑 안에서 온전히 이루지 못하였느니라" 말씀하기 때문입니다. 자신에게 두려움이 있다면 온전한 사랑이 아니라는 증거입니다. 간혹 부모가 위험에 처한 자녀를 구하기 위해 생명을 돌아보지 않고 화재의 현장이나 거센 물결 속으로 뛰어드는 것을 봅니다. 사랑하는 자녀를 구해야 한다는 일념으로 그 순간만큼은 죽음의 두려움을 생각지 않지요. 이것이 바로 사랑 안에 두려움이 없다는 것입니다.

예수 그리스도를 믿음으로 하나님의 자녀가 된 사람들도 하나님을 사랑하는 만큼 두려움이 사라집니다. 초대교회 성도들은 극심한 탄압과 핍박을 받으면서도, 또한 굶주린 사자의 밥이 되고 칼에 목 베임을 당하면서도 예수 그리스도를 부인하지 않았고 하나님을 저버리지 않았습니다. 그들 안에는 모든 두려움을 내어쫓는 온전한 사랑이 있었기 때문입니다.

구약 성경에 나오는 욥은 하나님께서 보시기에 순전하고 정직하여 악에서 떠난 의인이라 인정받았습니다. 그러나 그의 깊은 마음속에는 불안함과 두려움이 있었습니다. 혹시 자녀들이 범죄하여 마음으로 하나님을 배반했을까 염려하여 잔치 후에는 그들을 불러다가 정결케 하곤 했습니다. 또 시험 환난이 왔을 때 "나의 두려워하는 그것이 내게 임하고 나의 무서워하는 그것이 내 몸에 미쳤구나"(욥 3:25)라는 고백을 했지요. 이는 그가 평소에 하나님의 사랑을 깨닫지 못했음을 말해 줍니다.

원수 마귀 사단은 이러한 사실을 알기에 하나님께 욥을 송사합니다. 하나님이 그에게 많은 축복을 주셨기 때문에 하나님을 경외하고 섬긴다는 것이지요. 만일 욥에게서 모든 것을 빼앗는다면 하나님을 섬기지 않을 것이라고 말합니다. 이에 하나님은 사단의 송사를 받아들여 욥에게 연단을 허락하십니다.

그 결과 욥은 자신의 마음 깊은 곳에서 하나님의 사랑을 불신하고 있음을 깨닫게 됩니다. 연단을 거친 후에야 욥은 비로소 하나님의 사랑을 온전히 깨닫고 더욱 아름다운 중심으로 변화되었지요. 그러자 하나님께서는 연단하기 전보다 갑절의 축복을 주셨습니다.

그러면 하나님을 사랑함으로 두려움 없이 담대하게 행하려면 어떻게 해야 할까요? 요한일서 5장 3절에 "하나님을 사랑하는 것은 이것이니 우리가 그의 계명들을 지키는 것이라 그의 계명들은 무거운 것이 아니로다" 했고, 요한일서 3장 21~22절에는 "사랑하는 자들아 만일 우리 마음이 우리를 책망할 것이 없으면 하나님 앞에서 담대함을 얻고 무엇이든지 구하는 바를 그에게 받나니 이는 우리가 그의 계명들을 지키고 그 앞에서 기뻐하시는 것을 행함이라” 말씀했습니다.

하나님께서 “하라” 하신 것은 하고, “하지 말라” 하신 것은 하지 않으며, “버리라” 하신 것은 버리고, “지키라” 하신 것을 지키면 하나님을 사랑한다고 말할 수 있습니다. 예를 들면, “악은 모양이라도 버리라” 하셨으니 미움, 시기, 판단, 정죄 등 악을 버리고, “안식일을 거룩히 지키라” 하셨으니 주일에는 세상일이나 오락을 하지 않으며 교회에 나와 신령과 진정으로 예배드리는 것입니다. 또한 “도적질하지 말라” 하셨으니 남의 것을 탐내지 않고, “쉬지 말고 기도하라” 하셨으니 항상 깨어 기도합니다.

이처럼 하나님 말씀대로 지키는 것이 하나님을 참으로 사랑하는 것이며, 그 사랑이 온전해지는 만큼 두려움을 물리치고 담대히 의를 행할 수 있습니다. 성경에는 하나님을 사랑하여 두려움 없이 의를 행해 나갔던 믿음의 선진들이 나옵니다. 그들은 하나님을 뜨겁게 사랑하기에 죽음의 위협 앞에서도 두려워하지 않았습니다. 과연 어떤 분들이 이에 해당할까요?

불의 응답을 끌어내린 엘리야

엘리야는 아합 왕이 북이스라엘을 통치하던 시기에 활동했던 선지자입니다. 당시 북이스라엘은 왕비 이세벨이 들여온 바알 신이 전국에 퍼져 우상 숭배가 만연했습니다. 우상 숭배는 하나님께서 십계명에 엄히 금할 정도로 매우 싫어하시는 죄입니다. 이에 대한 하나님의 심판으로 이스라엘에는 수년 동안 비가 내리지 않았습니다.

그러자 아합은 왕으로서 자신의 잘못을 돌아보기는커녕 가뭄을 예언한 엘리야를 미워하며 죽이려고 합니다. 하나님께서는 왕의 손길을 피해 엘리야가 숨을 곳을 예비하셨고, 때가 되자 그에게 왕 앞에 나가 하나님의 뜻을 전하라고 하십니다. 엘리야는 왕에게 불의 응답을 끌어내리는 대결을 제안합니다.

바알 신을 섬기는 거짓 선지자 450명과 아세라 신을 섬기는 400명의 거짓 선지자들을 상대로 어느 신이 참 신인지 밝히게 해 달라는 것입니다. 만약 이런 상황에서 응답을 받지 못하면 엘리야는 그 자리에서 죽을 수밖에 없는 입장입니다. 오직 하나님을 믿기에 엘리야는 생명의 위협을 무릅쓰고 담대히 이런 제안을 할 수 있었습니다.

드디어 엘리야 1명 대 850명의 대결이 시작됩니다. 먼저 바알의 선지자들이 바알에게 불을 내려 달라고 열심히 구했습니다. 시간이 지나도 응답이 없자, 그들은 자신들의 규례대로 칼과 창으로 자해하면서까지 애타게 부르짖었습니다.

저녁이 될 때까지도 아무런 응답이 없자, 이제 엘리야가 나섰습니다. 구경하는 백성을 가까이 모은 뒤 무너진 제단을 수축하고 그 위에 이스라엘 열두 지파를 상징하는 열두 돌을 쌓게 합니다. 단 주변으로 도랑을 파게 하더니 제단 위에 나무를 올리고 번제물을 놓게 했습니다. 그리고 나무와 번제물 위에 물을 부으라고 합니다.

가뭄이 심한 상황에 귀한 물을 통 넷에 가득 채워 붓기를 세 차례나 반복하게 합니다. 그러자 제단에는 물이 차고 넘쳐서 단 주변으로 팠던 도랑까지 물이 가득했습니다. 그 바람에 제단에 쌓았던 돌은 물론, 나무와 번제물까지 물에 흠뻑 젖어서 불이 내려온다 해도 쉽게 붙을 것 같지 않았습니다.

수많은 사람이 숨죽이고 바라보는 가운데 엘리야는 하나님 앞에 기도하기 시작합니다. "여호와여 내게 응답하옵소서 내게 응답하옵소서 이 백성으로 주 여호와는 하나님이신 것과 주는 저희의 마음으로 돌이키게 하시는 것을 알게 하옵소서"(왕상 18:37)

그의 간절한 기도가 끝나자마자 하늘에서 순식간에 불이 내려와 번제물과 나무와 돌과 흙을 태우고 도랑에 흥건한 물까지 모두 살랐습니다. 이를 지켜본 백성들은 우상에서 돌이켜 하나님이 참 신이심을 인정하게 되었습니다.

이러한 일들은 엘리야가 우상 숭배에 빠진 백성의 마음을 다시 하나님께로 돌리려는 간절한 마음이 있었기에 가능했습니다. 바로 참 신은 오직 하나님뿐이라는 분명한 믿음의 바탕 위에 하나님을 향한 뜨거운 사랑이 임하니 온통 적으로 둘러싸인 가운데 혈혈단신으로 담대히 의를 행할 수 있었던 것입니다.

물이 끓으면 밖으로 수증기가 나오는 것처럼 하나님을 향한 뜨거운 사랑이 마음에 가득한 사람은 모든 말과 행함에서도 그 사랑이 배어나올 수밖에 없습니다. 하나님과 주님을 뜨겁게 사랑하면 주변 사람이나 환경 등 현실이 눈에 들어오지 않으며, 오직 하나님의 뜻만 생각하고 어찌하든 그 뜻을 이뤄 드리고자 열망하는 것입니다.

현실을 바라보지 않았던 엘리사

엘리야의 제자 중에는 엘리사라는 선지자가 있었습니다. 엘리사는 스승인 엘리야를 끝까지 붙좇음으로 엘리야가 가진 영감의

갑절을 받아 여러 표적을 나타내 보이기도 했습니다. 또 밝은 영감으로 이스라엘의 적군들이 어디에 진을 치는지 미리 알아 왕에게 알려 주기도 했습니다.

당시 이스라엘의 적대국이던 아람이 이스라엘을 치기 위해 비밀리에 작전을 짜면 그때마다 엘리사가 왕에게 알려 주니 이스라엘이 피할 수 있었습니다. 이런 일이 여러 번 반복되자 아람의 왕은 자기 신복 중에 스파이가 있는 줄 알고 고민하다가 엘리사 때문임을 알게 되자, 그를 죽이려고 합니다. 엘리사가 도단에 있는 것을 알고 아람 왕은 몰래 말과 병거와 많은 군사를 보내 성 전체를 에워쌌습니다. 그야말로 엘리사는 독 안에 든 쥐와 같은 처지가 되었지요.

아무것도 모르고 있던 엘리사의 사환이 아침에 일어나 밖에 나갔다가 깜짝 놀랐습니다. 수많은 말과 병사와 병거가 성을 단단히 에워싸고 있었기 때문입니다. 두려워 떨던 사환은 엘리사에게 "아아, 내 주여 우리가 어찌하리이까"(왕하 6:15) 말합니다. 그런데 엘리사는 그를 진정시키며 "두려워하지 말라 우리와 함께한 자가 저와 함께한 자보다 많으니라" 하고 말하는 것입니다.

주변에는 엘리사와 사환밖에 없었고 더군다나 이들에겐 아무런 무기도 없는데 어떻게 자신들과 함께한 자가 더 많다는 것일까요? 하나님께서 사환의 영안을 열어 주시니 하늘의 불말과 불병거가 산에 가득하게 엘리사를 두른 것을 보게 되었습니다.

엘리사는 하나님께 기도하여 아람 군대의 눈을 어둡게 만들어 이스라엘 왕이 있는 사마리아 성 안으로 끌어들입니다. 이제는 아람 군대가 독 안에 든 쥐 신세가 되고 말았습니다. 그러나 엘리사는 오히려 이스라엘 왕으로 하여금 아람 군대를 후대하여 돌려보내게 합니다. 이 일이 있은 후로 아람 군대가 다시는 이스라엘 땅에 들어오지 못했지요(왕하 6:23).

만약 그때 아람 군사들을 다 죽였더라면 아람 왕은 다시금 군대를 이끌고 침략해 왔을 것입니다. 마땅히 죽일 수 있는 상황에서 용서하고 심지어 후대하여 돌려보내니 마음이 녹아 다시 전쟁을 일으킬 명분이 사라진 것입니다. 바로 히브리서 11장 33절에 "저희가 믿음으로 나라들을 이기기도 하였다"는 말씀이 여기에 해당한다 할 수 있습니다.

이처럼 믿음 있는 사람은 현실을 바라보는 것이 아니라 전지전능하신 하나님을 바라보기에 사방으로 우겨쌈을 당해도 두렵지 않습니다. 하나님께 무엇을 구하든지 들어 주신다는 믿음이 있기에 담대히 구할 수 있고 그 믿음의 기도로 하나님의 능력을 끌어내려 문제를 해결해 나갈 수 있기 때문입니다.

엘리사의 사환처럼 믿음이 없으면 당장 눈앞에 놓인 현실을 바라보기에 문제를 만나면 근심하고 두려워합니다. 그러나 참 믿음을 갖는다면 질병이나 가정, 일터, 사업터의 어떠한 문제든 하나님의 능력과 지혜로 해결받게 됩니다. 혹 하나님 말씀에 위배된 자신의 모습이 있다면 중심에서 회개해야 하나님 앞에 담대함이 생기고 응답될 수 있다는 믿음이 옵니다. 현실적인 문제와 육신의 고통에 두었던 시선이 전지전능하신 하나님께로 옮겨지는 것입니다.

자신의 민족을 구한 에스더

오래전, 페르시아의 침공으로 이스라엘에서는 많은 이들이 포로로 잡혀 갔습니다. 그중에는 모르드개라는 사람이 있었는데, 그는 사촌 누이인 에스더를 딸처럼 양육했습니다. 에스더는 후에 페르시아 왕 아하수에로의 왕후로 간택됩니다. 에스더는 외모가 아름다웠지만 자신을 내세우지 않으며 정절과 품위가 있어서 왕뿐 아니라 모든 사람에게 사랑을 받았습니다.

그런데 하루는 왕의 총애를 받던 아각 사람 하만이 자신에게 절하지 않는 유다인 모르드개를 보고 몹시 화가 나 유다 민족 전체를 없애려는 음모를 꾸밉니다. 그 사실을 알게 된 모르드개가 에스더를 찾아와 이를 왕에게 알려 민족을 구하라고 간청합니다. 비록 에스더가 왕후라 해도 유다인으로서 당당히 왕 앞에 나가 이것저것 요구할 입장이 못 되었습니다. 게다가 당시 페르시아 법에는 누구든지 왕이 부르기 전에 먼저 나가면 죽음을 면치 못했지요. 다만 왕이 그를 위해 금홀(금으로 만든 지팡이)을 내밀어야 살 수 있었습니다.

이런 상황에서 에스더는 자기 민족을 위해 3일 금식을 하며 "죽으면 죽으리이다"라는 각오로 왕 앞에 나갑니다. 자신의 생명을 담보로 오직 하나님만 믿고 나가는 에스더를 어찌 하나님께서 보고만 계셨겠습니까. 왕의 눈에 에스더가 매우 사랑스러워 보이게 하시니 왕이 금홀을 내밀며 "그대의 소원이 무엇이며 요구가 무엇이뇨 나라의 절반이라도 그대에게 주겠노라" 말합니다(에 5:3).

그때 왕에게 하만의 계략을 폭로해도 되겠지만 에스더는 그렇게 하지 않았습니다. 먼저 왕을 위해 잔치를 준비하여 하만과 함께 참석하기를 권했습니다. 흥겨운 잔치 자리에서 먹고 마시며 즐거워진 왕이 또 에스더에게 나라의 절반이라도 주겠다며 소원을 말하라고 합니다. 그런데도 에스더는 내일 잔치 때에 말하겠다며 결정적인 순간을 기다립니다.

그날 밤, 하나님의 역사가 시작됩니다. 왕이 그날 따라 잠이 오지 않아 신하에게 역대 일기를 가져와서 읽으라고 합니다. 그 내용 중에 왕을 암살하려는 두 내시의 행동을 모르드개가 고발했다는 대목이 있었지요. 이를 들으면서 왕이 모르드개에게 관직이나 상을 베풀지 않은 사실을 깨닫고 밖에 있던 하만을 불러 묻습니다. 대상을 밝히지 않은 채 상을 베풀 사람에게 어떻게 하면 좋은지 물으니 하만은 자신인 줄 착각하고 이렇게 말합니다.

"왕의 입으시는 왕복과 왕의 타시는 말과 머리에 쓰시는 왕관을 취하고 그 왕복과 말을 왕의 방백 중 가장 존귀한 자의 손에 붙여서 왕이 존귀케 하시기를 기뻐하시는 사람에게 옷을 입히고 말을 태워서 성중 거리로 다니며 그 앞에서 반포하여 이르기를 왕이 존귀케 하기를 기뻐하시는 사람에게는 이같이 할 것이라 하게 하소서" (에 6:8~9)

그런데 뜻밖에도 왕은 모르드개에게 그처럼 행하라고 합니다. 하만은 울며 겨자먹기로 모르드개에게 그대로 대우한 뒤 번민하며 집에 돌아갑니다. 그런데 얼마 있지 않아 에스더가 베푼 잔치에 오라는 연락을 받았습니다. 잔치가 한창 무르익을 즈음, 왕이 또다시 에스더에게 소원을 묻습니다. 그제야 에스더는 하만의 계략을 폭로하여 자신의 민족을 구했을 뿐만 아니라 더욱 왕의 사랑을 입게 되었습니다.

이처럼 모든 문제의 해결자이신 하나님을 믿는다면 생사의 갈림길에서도 전폭적으로 하나님만 의지할 수 있습니다. 이러한 믿음을 하나님께서는 기쁘게 받으시고 합력하여 선을 이루어 주십니다. 화를 바꾸어 복이 되게 하시며 그 믿음의 사람을 통해 하나님의 영광이 나타나게 역사하시는 것입니다.

죽음 앞에서도 타협지 않았던 다니엘

다니엘은 남왕국 유다가 바벨론 왕 느부갓네살의 제1차 침입을 받았을 때 포로로 잡혀가 총리의 자리에까지 올랐던 사람입니다. 그는 어릴 때부터 세상과 타협지 않는 믿음을 하나님께 인정받아 총명함이 뛰어났으며, 이상과 몽조까지 깨우쳤습니다.

"하나님이 이 네 소년에게 지식을 얻게 하시며 모든 학문과 재주에 명철하게 하신 외에 다니엘은 또 모든 이상과 몽조를 깨달아 알더라… 왕이 그들에게 모든 일을 묻는 중에 그 지혜와 총명이 온 나라 박수와 술객보다 십 배나 나은 줄을 아니라"(단 1:17~20)

이렇게 성장한 다니엘은 어느 날 느부갓네살 왕의 기이한 꿈을 풀어 줌으로 인정받아 바벨론 전역을 다스리는 위치에 오릅니다. 그런데 그가 얼마나 뛰어났던지 왕이 바뀌어도 여전히 인정받았지요. 후에 교만한 벨사살 왕이 왕위에 올랐을 때도 왕궁 벽에 적힌 기이한 글자를 읽고 해석하여 바벨론 제국의 셋째 치리자가 됩니다. 또 벨사살 왕이 죽고 다리오 왕이 집권했을 때도 세 총리 중 한 사람으로 발탁됩니다.

다리오 왕은 다니엘의 마음이 민첩하고 총리들과 방백보다 뛰어나므로 그를 세워 전국을 다스리게 하려고 합니다. 그러자 그를 시기하는 사람들이 국사에 대하여 고소할 틈을 찾고자 했지만 발견하지 못하니 결국 다니엘의 신앙을 이용해 함정을 만듭니다. 누구든지 왕 외에 어느 신이나 사람에게 무엇을 구하면 사자 굴에 던져 넣기로 한 것입니다. 다니엘이 하루에 세 차례씩 예루살렘을 향하여 창문을 열어 놓고 기도하는 것을 알고 그러한 계략을 꾸민 것이지요.

그런데 다니엘은 금령이 반포된 것을 알면서도 집에 돌아가 변함없이 기도했습니다. 죽음의 위협 앞에서도 하나님을 향한 신앙을 저버리지 않았을 뿐 아니라 목숨을 부지하기 위해 타협지도 않았습니다. 만일 그가 생명을 부지할 마음이 있었다면 얼마든지 방법이 있었습니다. 한 달 동안만 기도하지 않거나 창문을 닫고 아무도 모르게 기도할 수도 있습니다. 그러나 그는 그렇게 하지 않았습니다. 참된 신앙은 바로 이런 것입니다.

다니엘이 '나는 이 나라에 왕 다음가는 총리니까 설마 사자 굴에 던져 넣지 못하겠지.' 생각했을까요? 아닙니다. 마음에 정하기를 '사자 굴에 던져져 사자 밥이 되더라도 하나님에 대한 의를 저버릴 수 없다.' 한 것입니다. 하나님을 향한 그의 사랑은 변개함이 없는 진실한 사랑이었기 때문입니다. 이처럼 하나님을 향한 다니엘의 사랑이 온전하였기에 죽음도 두려워하지 않았던 것입니다.

결국 다니엘은 악한 이들의 모함대로 사자 굴에 던져졌지만, 여기서 끝난 것이 아니었습니다. 하나님께서는 천사를 통해 사자의 입을 봉하여 그를 조금도 다치지 않도록 지키셨습니다. 죽음의 위협 앞에서도 타협지 않고 하나님에 대한 의를 굳게 지킨 다니엘을 통해 하나님의 영광이 크게 드러난 것입니다.

변함없이 믿음을 지킨 사드락, 메삭, 아벳느고

'유유상종'이라는 말이 있듯이 다니엘의 세 친구인 사드락과 메삭과 아벳느고 역시 그에 버금가는 믿음을 내보인 사람들입니다. 어릴 때부터 바벨론에 살면서도 하나님을 향한 신앙을 지켰습니다. 하루는 느부갓네살 왕이 금으로 신상을 만들고 각 지역의 모든 관리들에게 낙성예식에 참석하게 했습니다. 그러면서 신상 앞에 절하지 않는 사람은 풀무불에 던져넣겠다고 공포합니다. 그러자 모든 사람이 그 자리에 참석하여 신상 앞에 절했지요.

그런데 다니엘의 세 친구는 하나님을 사랑했기에 "우상에게 절하지 말라" 하시는 하나님의 계명을 어길 수 없었습니다. 결국 그들이 절하지 않는 것을 본 어떤 사람이 왕에게 알립니다. 그러자 화가 난 왕은 그들을 끌고 오게 합니다. 이제라도 금 신상 앞에 절하면 살려 주겠다며 다시 한 번 기회를 줍니다.

왕의 물음에 그들은 죽음을 두려워하지 않고 "느부갓네살이여 우리가 이 일에 대하여 왕에게 대답할 필요가 없나이다 만일 그럴 것이면 왕이여 우리가 섬기는 우리 하나님이 우리를 극렬히 타는 풀무 가운데서 능히 건져내시겠고 왕의 손에서도 건져내시리이다 그리 아니하실지라도 왕이여 우리가 왕의 신들을 섬기지도 아니하고 왕의 세우신 금신상에게 절하지도 아니할 줄을 아옵소서"(단 3:16~18) 고백했습니다.

그들이 죽음 앞에서 이처럼 담대히 고백할 수 있었던 힘은 과연 무엇일까요? 바로 하나님에 대한 그들의 온전한 사랑이 모든 두려움을 내쫓았던 것입니다(요일 4:18). 결국 그들은 평소보다 일곱 배나 더 뜨겁게 달군 풀무불에 던져졌습니다. 그러나 하나님께서 지켜 주시니 머리털 하나도 그슬리지 않고 살아났습니다. 그 일로 인해 하나님께 영광을 돌리며 왕에게도 더욱 인정받게 되었습니다.

믿음의 용사 기드온과 다윗, 여호사밧

오늘날에도 평온한 날이 없다시피 한 중동지역에 위치한 이스라엘은 역사적으로 많은 전쟁을 치렀습니다. 그때마다 하나님께서는 여러 믿음의 사람을 통해 전쟁의 승패는 전적으로 하나님께 달려 있음을 나타내셨습니다. 말이나 병거, 군사의 수를 비교할 때는 터무니없이 약하다 해도 하나님이 함께하시면 통쾌하게 승리하는 장면이 성경에 자주 나옵니다. 기드온이 사사로 있을 때도 마찬가지였습니다.

당시 미디안 군사가 어찌나 많았던지 전투 상황은 이스라엘에 매우 불리했습니다. 이런 상황에서 하나님께서는 기드온에게 병력을 줄이라고 하십니다. 두려워하는 이들을 돌려보내자 일만 명이 남았고, 그중에서 물을 마시게 하는 심사를 통해 군인의 자세를 잃지 않은 이들만 선발하니 삼백 명뿐이었습니다.

적군이 해변의 모래알처럼 많으니 이스라엘 남자를 모두 동원해도 모자랄 판에 남은 사람이 삼백 명뿐이니 기드온과 삼백 용사들의 마음이 어떠했을까요? 두려워하여 낙담한 것이 아닙니다. 오히려 "적진을 치라 내가 그것을 네 손에 붙였느니라"(삿 7:9) 하신 하나님 말씀에 의지하여 담대히 나갔던 것입니다.

밤이 되자, 그들은 하나님께서 지시하신 대로 행동했습니다. 손에 나팔과 횃불을 감춘 항아리를 들고, 백 명씩 세 부대로 나누어 미디안 진영을 에워쌌지요. 기드온의 나팔소리가 날 때 일제히 항아리를 부수며 횃불을 번쩍 들고 나팔을 불며 "여호와와 기드온의 칼이여" 하고 외쳤습니다. 잠자던 미디안 군사들이 놀라 나와 보니 나팔소리와 횃불이 언덕마다 활활 타오르며 달려오는 것입니다. 그들의 눈에는 엄청난 군사가 밀려오는 것처럼 보였지요. 혼비백산하여 도망가다가 서로 칼로 치면서 자멸하고 말았습니다.

다음으로, 다윗은 소년 시절 믿음으로 담대히 골리앗을 쓰러뜨린 적이 있습니다. 그는 양을 치다가 아버지의 심부름으로 블레셋과의 전쟁에 참전한 형들의 안부를 살피러 갔습니다. 마침 그때 블레셋의 거인 장수 골리앗이 이스라엘 군대를 조롱하고 하나님의 이름을 모독하는 것을 보았습니다. 그런데도 이스라엘 진영에서는 누구 하나 나서는 사람이 없었지요. 골리앗은 신장이 3미터에 가까운 데다 갑옷과 놋 투구와 놋 단창으로 무장하여 겉모습만으로도 상대를 제압하기에 충분했기 때문입니다.

그 광경을 지켜본 다윗은 중심에 불붙는 것 같은 의분이 일어나 가만히 있을 수가 없었습니다. 사람들의 만류에도 불구하고 골리앗을 향해 이렇게 외쳤습니다. "여호와의 구원하심이 칼과 창에 있지 아니함을 이 무리로 알게 하리라 전쟁은 여호와께 속한 것인즉 그가 너희를 우리 손에 붙이시리라"(삼상 17:47)

아무런 무장도 하지 않은 채 다윗이 물맷돌과 막대기만 들고 나서자, 골리앗은 그 모습을 우습게 여기고 단칼에 베어 버릴 기세로 다가옵니다. 하지만 다윗은 전혀 두려워하지 않았습니다. 오히려 "너는 칼과 창과 단창으로 내게 오거니와 나는 만군의 여호와의 이름 곧 네가 모욕하는 이스라엘 군대의 하나님의 이름으로 네게 가노라"(삼상 17:45) 하며 큰소리를 쳤습니다.

이처럼 믿음으로 담대하게 행하니 하나님께서 합력하여 선을 이루어 주십니다. 다윗이 던진 물맷돌이 골리앗의 이마 중심부에 박혀 단번에 쓰러지고 말았던 것입니다. 그렇지 않았다면 골리앗이 단칼에 다윗의 목을 벨 수도 있었지요. 하늘을 찌를 듯한 기세로 나왔던 골리앗이 창 한 번 휘두르지 못하고 맥없이 쓰러지자, 전세가 역전되어 이스라엘의 승리로 끝났습니다. 이처럼 믿음으로는 능치 못할 것이 없습니다.

유다 왕 여호사밧 역시 마찬가지입니다. 주변 나라들이 연합하여 남유다를 치러 오자, 여호사밧은 백성과 함께 금식하며 기도했습니다. 그러자 하나님께서는 "이 전쟁에는 너희가 싸울 것이 없나니 항오를 이루고 서서 너희와 함께한 여호와가 구원하는 것을 보라 유다와 예루살렘아 너희는 두려워하며 놀라지 말고 내일 저희를 마주 나가라"(대하 20:17) 말씀합니다.

하나님 말씀을 그대로 믿은 여호사밧은 전쟁에 나가 싸울 준비를 하는 대신 거룩한 예복을 입은 성가대를 앞세워 감사의 찬양을 올리게 했습니다. 이런 믿음의 행함을 기쁘게 받으신 하나님께서는 승리를 안겨 주셨지요. 유다를 치러 온 연합군끼리 싸움이 붙어, 유다 군대가 보았을 때는 이미 땅에 엎드러진 시체뿐이었습니다. 적군의 재물과 의복과 보물이 어찌나 많았던지 그것을 운반해 오는 것만 해도 사흘이나 걸릴 정도였지요. 믿음으로 행한 결과 이렇게 엄청난 축복을 받았던 것입니다.

지금까지 구약 시대에 믿음의 선진들이 내보인 믿음의 행함에 대해 살펴보았습니다. 이는 세상에 속한 사람으로서는 도저히 이

해할 수 없는 일들입니다. 그들은 무엇보다 하나님을 사랑했기에 그 어떤 두려움도 이길 수 있었습니다. 또한 하나님의 말씀을 믿고 행함으로 그들 안에는 영적인 담대함으로 충만했지요.

그래서 믿음으로 나라들을 이기기도 하며 의를 행하기도 하며 약속을 받기도 했습니다(히 11:33). 사자들의 입을 막기도 하며 불의 세력을 멸하기도 했지요. 또한 칼날을 피하기도 하고 연약한 가운데서 강하게 되기도 하며 전쟁에서 담대하게 이방 사람들의 진을 물리치기도 했던 것입니다. 그러므로 이러한 선진들을 본받아 세상이 감당치 못하는 믿음의 대열에 서서 영원한 영광 중에 거하시기 바랍니다.

Chapter 7

세상이 감당치 못하는 자 2

영생에 이르는 참 믿음을 소유하려면

생명도 버릴 수 있는 온전한 믿음

생명 다해 하나님을 사랑했던 믿음의 선진들

복음을 전하다 참수형을 당한 사도 바울

극심한 박해를 이겨낸 초대교회 성도들

카타콤에서의 초대교회 성도들

저희가 믿음으로 나라들을 이기기도 하며
의를 행하기도 하며 약속을 받기도 하며
사자들의 입을 막기도 하며
불의 세력을 멸하기도 하며
칼날을 피하기도 하며…
궁핍(窮乏)과 환난과 학대를 받았으니
(이런 사람은 세상이 감당치 못하도다)
저희가 광야와 산중과 암혈(巖穴)과
토굴에 유리하였느니라

히브리서 11:33~38

우리가 세상이 감당치 못하는 믿음을 소유하면 하나님을 향한 사랑이 넘쳐납니다. 뜨거운 사랑에서 비롯된 영적인 담대함이 있기에 어떤 위협에도 두려워하지 않습니다. 온전한 사랑은 두려움을 내쫓기 때문이지요. 또한 우리가 주님과 믿음으로 하나 된 만큼 세상을 이길 수 있습니다. 주님께서 "세상에서는 너희가 환난을 당하나 담대하라 내가 세상을 이기었노라"(요 16:33) 하신 대로 세상을 이기셨기 때문입니다.

세상의 주관자인 원수 마귀 사단의 지배를 받는 것이 아니라 주님처럼 빛으로 어두운 세상을 밝혀야 하나님께 영광 돌릴 수 있습니다. 세상 주관자인 원수 마귀 사단이 궁극적으로 노리는 것은 사람들로 하여금 어찌하든 죄를 짓게 하여 지옥에 이르게 하는 것입니다. 그러므로 하나님의 자녀인 우리에게 가장 중요한 것은 주님 품에 안기는 순간까지 믿음을 간직하되 참 믿음을 소유하여 영생에 이르는 것이지요.

영생에 이르는 참 믿음을 소유하려면

어떤 사람이 열심히 신앙생활을 하면서 때때로 하나님께 영광을 돌렸다고 합시다. 그런데 마지막 순간 생명의 위협 앞에서 예수 그리스도를 부인한다면 어떻게 될까요? 지금까지 쌓아온 믿음이 참 믿음이 아니기 때문에 결국 원수 마귀 사단의 밥이 되어 영생을 얻지 못합니다.

요한복음 6장 53~55절에 "인자의 살을 먹지 아니하고 인자의 피를 마시지 아니하면 너희 속에 생명이 없느니라 내 살을 먹고 내 피를 마시는 자는 영생을 가졌고 마지막 날에 내가 그를 다시 살리리니 내 살은 참된 양식이요 내 피는 참된 음료로다" 말씀합니다. 여기서 인자(人子)란 예수님을 의미하므로 우리가 예수님의 살과 피를 먹고 마시지 않으면 우리 안에 생명이 없고 영생의 길로 갈 수 없다는 것입니다.

예수님이 지금 이 땅에 계시지 않는데 어떻게 우리가 그분의 살과 피를 먹고 마실 수 있을까요? 여기에는 영적인 의미가 담겨 있습니다.

인자의 살과 피를 먹고 마셔야

요한복음 1장 1절에 "말씀은 곧 하나님이시니라" 했습니다. 또 요한복음 1장 14절에는 말씀이 육신이 되어 이 땅에 오신 분이 바로 예수님이라 했지요. 그러므로 '인자의 살을 먹는다'는 것은 영적으로 하나님 말씀을 양식 삼는 것입니다. 하나님 말씀을 양식 삼는다는 것은 지식적으로만 쌓는 것을 의미하지 않습니다. 그 말씀으로 자신의 마음을 변화시키는 것이지요. 마음에 있는 악을 버리고 선으로, 사랑으로 채우는 것입니다.

음식을 골고루 잘 먹어야 몸이 건강하듯이, 하나님 말씀을 잘 양식 삼을 때 우리 영혼이 강건함을 얻고 그런 만큼 믿음도 날로 성장합니다. 시편 1편 1~3절에 "복 있는 사람은 악인의 꾀를 좇지 아니하며 죄인의 길에 서지 아니하며 오만한 자의 자리에 앉지 아니하고 오직 여호와의 율법을 즐거워하여 그 율법을 주야로 묵상하는 자로다 저는 시냇가에 심은 나무가 시절을 좇아 과실을 맺으며 그 잎사귀가 마르지 아니함 같으니 그 행사가 다 형통하리로다" 했습니다.

이렇게 인자의 살을 먹고 양식 삼기 위해서는 반드시 '인자의 피'를 함께 마셔야 합니다. 이는 하나님 말씀을 배움과 동시에 그 말씀대로 '순종하는 행함'이 반드시 동반되어야 한다는 말입니다.

음식을 먹을 때에 수분을 함께 섭취해야 하는 것과 같습니다. 수분 없이 건조한 음식만 계속 섭취한다면 아무리 충분한 영양분을 공급해도 소화가 되지 않습니다. 수분이 있어야 영양분을 흡수할 수 있고 노폐물을 배설할 수도 있지요. 마찬가지로 하나님 말씀을 배우면 반드시 그대로 행해 나가는 노력이 있어야 합니다. “하라”, “하지 말라”, “지키라”, “버리라” 이런 말씀들에 순종해야 하지요.

그래야 듣고 배운 하나님 말씀이 우리에게 생명과 능력이 됩니다. 마음에 있던 비진리가 점점 빠져 나가고 그 자리에는 진리가 채워집니다. 미움이 빠져 나가고 사랑이, 교만이 빠져 나가고 겸손이, 혈기가 빠져 나가고 온유함이 채워지는 것입니다. 이렇게 행해 나갈 때 주님의 피가 우리를 모든 죄에서 깨끗하게 하시는 것입니다.

요한일서 1장 7절에 “저가 빛 가운데 계신 것같이 우리도 빛 가운데 행하면 우리가 서로 사귐이 있고 그 아들 예수의 피가 우리를 모든 죄에서 깨끗하게 하실 것이요” 했습니다. 빛 가운데 행한다는 것은 하나님 말씀대로 순종하여 행하는 것입니다. 예수님은 보배로운 피를 흘려 우리 죄를 대속하셨지만 우리가 그 피를 힘입어 죄 사함을 받으려면 반드시 빛 가운데 행해야 한다는 말입니다.

하나님 말씀대로 행하는 것이 중요한 이유는 무엇일까요? 야고보서 2장 22절에 “믿음이 그의 행함과 함께 일하고 행함으로 믿음이 온전케 되었느니라" 말씀했기 때문입니다. 알고 있는 하나님 말씀을 그대로 지켜 행할 때 믿음이 온전해지는 것이지요. 비유를 들면, 갈증이 날 때 물을 마시면 된다는 것을 모르는 사람은 없을 것입니다. 이는 체험을 통해 물을 마시면 갈증이 해소된다는 믿음이 마음에 온전히 자리잡았기 때문입니다.

갈증이 날 때면 누구도 이 사실을 의심치 않고 물을 찾습니다. 그런데 눈앞에 물이 있는데도 마시지 않고 계속 "아, 갈증나!" 한다면 얼마나 어리석은 사람인지요. 정녕 믿는다면 반드시 행함이 따르게 됩니다. 그 행함으로 인해 믿음이 온전케 되는 것입니다.

가령, 하나님 말씀에 '항상 기뻐하라' 했으면 아무리 슬픈 일에도 중심에서 기뻐하는 것입니다. 또 범사에 감사하는 것이 하나님의 뜻인 줄 알았으면 무슨 일을 만나도 하나님 앞에 감사하게 됩니다. 이렇게 말씀대로 행함을 내보이는 것이 진정 하나님을 믿는다는 증거입니다. 그 믿음의 증거로 하나님께서 우리를 죄인이 아닌 의인이라 인정해 주시는 것입니다.

생명도 버릴 수 있는 온전한 믿음

음식을 먹으면 몸에 흡수되는 영양분이 있는가 하면, 몸 밖으로 배출되는 노폐물이 있습니다. 마찬가지로 우리가 인자의 살을 먹고 인자의 피를 마실 때에도 흡수되는 영양분과 배출되는 노폐물이 있습니다. 무슨 의미일까요?

성경에 보면 "주 너의 하나님을 사랑하라", "네 이웃을 네 몸과 같이 사랑하라" 등 사랑하라는 말씀이 나옵니다. 이 말씀을 먹고자 한다면 먼저 하나님의 마음과 뜻을 깨달아 진실한 사랑의 행함을 나타내 보여야 합니다. 즉 하나님께서 말씀하시는 사랑이 무엇인지 먼저 알아야 하지요. 고린도전서 13장을 보면 하나님께서 말씀하시는 영적인 사랑이 무엇인지 알려 줍니다.

"사랑은 오래 참고 사랑은 온유하며 투기하는 자가 되지 아니하며 사랑은 자랑하지 아니하며 교만하지 아니하며 무례히 행치 아니하며 자기의 유익을 구치 아니하며 성내지 아니하며 악한 것을 생각지 아니하며 불의를 기뻐하지 아니하며 진리와 함께 기뻐하고 모든 것을 참으며 모든 것을 믿으며 모든 것을 바라며 모든 것을 견디느니라" (고전 13:4~7)

이 말씀을 마음에 새기고 그대로 행해 나가야 합니다. 이런 사랑을 변함없이 행해 나가면 어느새 우리 마음 안에도 주님의 희생적인 사랑이 영양분으로 흡수되고 반대로 미움, 시기 등은 노폐물로 배설되는 것입니다.

따라서 하나님 말씀을 양식 삼고 행해 나가는 사람 곧 참된 양식인 주님의 살을 먹고 참된 음료인 주님의 피를 마시는 사람은 영생을 얻는 것이지요. 그래서 주님의 살에 생명이 있고 주님의 피를 마실 때에 영생을 얻는다고 말씀하시는 것입니다. 이렇게 주님의 살과 피를 먹고 마심으로 그 마음이 진리로 가득한 사람은 확실한 부활의 소망이 있기 때문에 이 땅에 있는 육의 것에 연연하지 않습니다.

심지어는 하나뿐인 생명까지도 주님을 위해서라면 과감히 버릴 수 있는 온전한 믿음을 갖게 되는 것입니다. 이 땅에서 잠시 고난을 받으며 죽임을 당한다 해도 이후에 주어질 하늘의 영광은 그 고난과 족히 비교할 수 없을 만큼 큰 것임을 믿고 알기 때문입니다.

또한 주님의 살과 피를 먹고 마심으로 그 마음이 진리의 마음 곧 그리스도의 마음이 되면 모든 것을 헌신하신 주님의 사랑을 깨닫기에 자신도 주님을 위해 기꺼이 생명을 바칠 수 있습니다. 어떤 극한 상황이라 해도 사랑하는 주님을 배반하느니 차라리 자신의 목숨을 버리는 것입니다. 주님을 향한 사랑이 죽음의 공포를 내쫓기 때문에 담대히 그 길을 택할 수 있습니다. 이처럼 할 수 있어야 '사랑하라'는 하나님 말씀을 온전히 양식 삼은 사람이라 할 수 있습니다.

생명 다해 하나님을 사랑했던 믿음의 선진들

6장 '세상이 감당치 못하는 자 1'에서는 목숨을 버려야 하는 절체절명(絶體絶命)의 위기의 순간에도 어떠한 두려움 없이 믿음의 길을 택했던 구약 시대의 믿음의 선진들에 대해 살펴보았습니다. 신약 시대에는 하나님의 사랑이 예수 그리스도를 통하여 더욱 확실히 나타났습니다.

또한 예수 그리스도를 영접하여 죄 사함을 받은 사람들에게 성령이 임하자, 사람들은 성령의 감동 속에 하나님의 마음을 깨닫게 되었지요. 죄인들을 구원하기 위해 독생자를 아끼지 않으신 하나님의 사랑과 우리의 모든 죄를 대신 지고 십자가의 고난을 받으신 예수 그리스도의 사랑이 크고 놀랍다는 것을 깨달은 것입니다.

그래서 신약 시대에는 주님을 향한 사랑을 저버리지 않기 위해 과감히 죽음을 택했던 많은 순교자들이 나왔습니다. 그들 안에 계신 성령께서 감동함으로 능력을 주셔서 능히 순교에 이르기까지 믿음을 지킬 수 있었지요. 어떤 이들은 채찍질뿐 아니라 옥에 갇히기도 했습니다. 돌에 맞거나 톱으로 켜고 칼에 목이 베인다 해도 개의치 않았습니다. 양과 염소의 가죽으로 옷을 만들어 입고 궁핍과 학대를 받으며, 광야와 산중과 암혈과 토굴에 유리한 사람들도 많았지요.

예수님의 제자들은 모두 박해와 더불어 순교의 길을 걸었습니다. 가장 먼저 순교한 제자는 요한의 형제 야고보입니다. 그는 헤롯 왕 때에 칼로 죽임을 당했지요.

주님의 수제자 베드로는 예수님께서 받으실 고난을 말씀하실 때 "주여 내가 주와 함께 옥에도 죽는 데도 가기를 준비하였나이다"(눅 22:33) 했지만, 막상 예수님께서 잡히시자 두려움을 이기지 못하여 예수님을 모른다고 세 번이나 부인한 적이 있었습니다. 그러나 부활하신 주님께서는 이런 베드로의 허물을 사랑으로 덮어 주며 많은 영혼을 그에게 부탁하셨습니다.

이처럼 주님의 큰 사랑을 받은 베드로는 이제 대제사장과 관원들과 장로들 앞에서도 담대하게 예수님이 그리스도이심과 부활하신 것을 전하였습니다. 또한 권세자들의 위협과 옥에 갇히는 시험 등 많은 어려움도 있었지만 사랑하는 주님께서 친히 맡겨 주신 사명을 감사함으로 충성되이 감당했습니다.

그러다가 때가 되어 순교하게 됩니다. 로마 군병들이 자신을 십자가에 매달려고 할 때 베드로는 잠시 후면 뵙게 될 주님을 생각했습니다. 주님과 똑같이 죽는다면 주님의 낯을 뵈올 때 민망한 마음이 들 것 같아서 십자가에 거꾸로 매달아 달라고 청했습니다.

거꾸로 매달리면 피가 역류하기 때문에 바로 달리는 것보다 몇 배의 고통이 더 따른다고 합니다. 그러나 베드로는 자신의 허물을 사랑으로 덮어 주시고 영혼들을 구원하는 귀한 도구로 삼아 주신 주님께 자신이 마지막으로 할 수 있는 최고의 헌신을 이와 같이 드렸던 것입니다.

그러면 사도 요한은 어떠하였을까요? 그는 야고보, 베드로와 함께 항상 예수님 가까이에 있던 제자였습니다. 도미티아누스 황제 때 펄펄 끓는 기름 가마에 던져졌으나 주님이 함께하심으로 타 죽지 않자 밧모 섬에 유배되었다고 합니다. 하나님의 뜻 가운데 그곳에서 계시를 받아 요한계시록을 기록했고 수명이 다하여 주님 품에 안겼습니다.

이처럼 사도들이 핍박받는 길을 갈 수 있었던 것은 하나님께서 주신 믿음이 그들에게 있었기 때문이며 주님의 사랑이 그들의 마음을 뜨겁게 했기 때문입니다. 주님을 위해 자신이 가진 모든 것을 드리고, 생명을 드린다 해도 아깝지가 않았던 것입니다.

복음을 전하다 참수형을 당한 사도 바울

사도 바울은 날 때부터 로마 시민권을 가졌고, 당시 최고의 지식을 갖춘 엘리트였습니다. 그런 그가 예수 그리스도를 만난 이후로 모든 것을 버리고 고난받기를 자청했지요. 사도 바울이 받은 고난에 대하여는 고린도후서 11장에 잘 나옵니다.

"내가 수고를 넘치도록 하고 옥에 갇히기도 더 많이 하고 매도 수없이 맞고 여러 번 죽을 뻔하였으니 유대인들에게 사십에 하나 감한 매를 다섯 번 맞았으며 세 번 태장으로 맞고 한 번 돌로 맞고 세 번 파선하는 데 일주야를 깊음에서 지냈으며 여러 번 여행에 강의 위험과 강도의 위험과 동족의 위험과 이방인의 위험과 시내의 위험과 광야의 위험과 바다의 위험과 거짓 형제 중의 위험을 당하고 또 수고하며 애쓰고 여러 번 자지 못하고 주리며 목마르고 여러 번 굶고 춥고 헐벗었노라" (고후 11:23~27)

이 같은 역경 속에서도 그는 주님의 몸된 교회를 위하여 자신이 고난받는 것을 오히려 기뻐했습니다. 한번은 복음을 전하다가 사람들에게 붙잡혀서 모진 고난을 받았습니다. 군중 앞에서 옷이 벗기운 채 매를 맞은 뒤 깊은 옥에 갇히면서도 하나님을 찬미했습니다(행 16:25). 어느 때는 사람들이 던지는 돌에 맞아 죽은 줄 알고 그를 성 밖에 내다버린 적도 있지요(행 14:19).

그러면서도 사도 바울이 그 길을 갈 수 있었던 것은 하나님의 사랑 때문이라고 고백합니다. 로마서 8장 35~37절에 “누가 우리를 그리스도의 사랑에서 끊으리요 환난이나 곤고나 핍박이나 기근이나 적신이나 위험이나 칼이랴 기록된 바 우리가 종일 주를 위하여 죽임을 당케 되며 도살할 양같이 여김을 받았나이다 함과 같으니라 그러나 이 모든 일에 우리를 사랑하시는 이로 말미암아 우리가 넉넉히 이기느니라” 한 것입니다.

예전에 그는 하나님의 교회를 핍박하고 예수 그리스도를 믿는 사람을 잡아 죽이는 데 앞장섰던 사람이지요. 그처럼 큰 악을 행했던 자신을 만나 주시고 사도로 세워 주신 하나님의 은혜가 너무도 크고 감사했던 것입니다. 늘 주님의 사랑에 빚진 자로서 주님의 몸된 교회들을 위해 자신을 전부 드릴 수 있었습니다. 일생을 이방인의 사도로서 충성하며 복음을 전하다가 때가 되어 로마에서 칼에 목베임을 당하고 주님 품에 안기기까지 자신을 온전히 드렸습니다.

극심한 박해를 이겨낸 초대교회 성도들

기독교는 초기부터 주후 313년 콘스탄티누스 대제가 기독교를 공인하기까지 엄청난 박해를 받았습니다. 국가적인 첫 박해의 시작은 네로 황제 때였습니다.

주후 64년, 로마에 대화재가 발생했는데 도시의 14구역 중에서 10구역이 소실되었습니다. 그런데 화재 후 이상한 소문이 나돌기 시작했습니다. 네로 황제가 로마를 새롭게 건설하기 위해 방화했다는 것입니다. 네로는 점점 자신의 입지가 곤란해지자, 희생양이 필요했습니다. 그래서 흉흉한 민심을 억누르기 위해 방화의 책임을 기독교인들에게 돌렸던 것입니다. 이로 인해 기독교인들은 아무 잘못 없이 체포되었습니다.

급기야 네로는 기독교인들을 죽이기 전에 로마 시민을 위한 오락에 이용했습니다. 원형 경기장에서 맹수에게 그리스도인들이 찢겨 죽는 장면을 시민들에게 볼거리로 제공한 것이지요.

이렇게 죽임을 당한 대부분의 순교자들은 "나를 위해 죽으신 주님을 위해 나도 기꺼이 목숨을 바칩니다." 하며 두려움 없이 죽음을 맞이했습니다. 어떤 이는 자신의 영혼을 주님께 의탁하는 기도를 하는 중에, 어떤 이들은 함께 손을 마주잡고 하늘을 우러러 힘차게 찬양하는 중에 맹수의 공격을 받아 영광스러운 최후를 맞았습니다. 그중에는 노인들도 있었고 가녀린 소녀들도 있었습니다.

만약 자신이 이런 처지에 놓였다고 가정해 보십시오. 예수 그리스도를 믿는다는 이유로 사자의 밥이 되고, 십자가 처형을 당하며, 칼로 목 베임을 당한다고 하면 과연 믿음을 내보일 수 있을까요? 베드로나 사도 바울처럼 "죽음 앞에 선다 해도 주님을 부인하지 않겠습니다. 순교하여 천국에 가겠습니다."라고 당당히 고백할 수 있겠는지요.

역사적인 기록에 의하면, 예수님에게 채찍질을 하고 십자가에 못 박기까지 한 로마 군대의 장교는 그 후로 견딜 수 없는 괴로움에 시달렸다고 합니다. 그런데 예수님이 죽임당한 후에 오히려 더 많은 사람이 예수님을 믿고 복음을 전하자 로마 황제는 또다시 그에게 이스라엘로 가서 예수 믿는 사람들을 잡아 죽이라는 명령을 내립니다.

이스라엘로 돌아온 그는 주님을 믿는 사람들을 핍박하고 잡아들입니다. 그런데 많은 사람이 예수 그리스도의 이름으로 고난받는 것을 기뻐하며 기꺼이 순교하는 모습을 보고 의아하게 여깁니다.

심지어 그가 아무리 포악하게 대해도 그리스도인들은 오히려 사랑으로 대하고 "예수님은 당신을 사랑하시고 용서하신다."며 간곡하게 복음을 전했습니다. 결국 그들에게 감동을 받고 그리스도의 사랑을 깨달아 주님을 믿게 되었다는 것입니다. 그 후 모든 고통과 괴로움에서 놓인 그는 로마로 돌아가서 예수 믿는 사람을 지켜 주고 도와주다가 발각되어 순교했다고 합니다.

핍박에도 굴복지 않고 순교한 초대교회의 지도자들

주후 2세기에는 기독교에 대한 박해가 더 심해져서 기독교인들의 공공장소 출입이 금지되기도 했습니다. 기독교인이라는 이유로 거리에서 폭도들에 의해 돌에 맞는 등 항상 위험을 동반한 신앙생활을 해야 했습니다. 특히 교회 지도자들을 대상으로 한 박해가 극심했습니다.

안디옥 교회의 감독이던 이그나티우스는 로마의 콜로세움에서 맹수에게 물려 순교했는데, 죽기 전에 그는 "맹수의 이빨 사이에 낀 하나님의 곡식으로 빻아져서 주님을 위한 거룩한 빵이 되고자 한다."는 감동적인 말을 남겼습니다.

또 다른 예로, 사도 요한의 제자요 서머나 교회의 감독이었던 폴리갑을 들 수 있습니다. 폴리갑은 로마의 집정관 앞에 압송되어 로마의 황제 가이사를 주(主)로 고백할 것을 강요당했습니다. 폴리갑이 이를 거절하자 집정관은 여러 가지로 위협하면서 그의 신앙을 굴복시키려고 했지요.

그러나 어떤 위협에도 굴복지 않자 집정관은 최종적으로 "네가 한 번만 굴복하면 석방시켜 주겠다."라고 제안했습니다. 그때 폴리갑은 "내가 86년 동안 그리스도를 섬겨 왔으나 그분은 나에게 어떤 잘못도 행하지 않았는데 내가 어떻게 나를 구해 준 나의 왕을 욕할 수가 있겠소?"라는 유명한 답변을 합니다. 결국 폴리갑은 화형당하여 주님 품에 안겼습니다.

카타콤에서의 초대교회 성도들

기독교인들에 대한 핍박이 날로 심해지고 장기화되자 성도들은 피난처를 찾아 떠났는데 그곳이 바로 지하 공동묘지로 알려진 카타콤입니다. 카타콤으로 피했다 해도 언제 잡혀 죽을지 알 수 없는 불안감과 위험이 항상 도사리고 있었습니다. 이런 환경 속에서 하루 이틀이 아닌 수년, 혹은 수십 년을 지냈던 것입니다.

카타콤의 성도들이 시체가 매장된 음산한 땅 밑에서 사는 것은 마치 죽음 속에서 산다고 할 만큼 비참한 생활이지만 오직 주님을 향한 사랑으로 모든 것을 견디었습니다. 매일같이 기도와 찬미로 주님의 사랑을 되새기며 먼저 간 형제들이 천국에서 누릴 즐거움을 얘기했습니다. 비록 몸은 점점 여위어 갔지만 "내가 속히 오리라" 하신 주님의 말씀이 속히 성취되기를 바라며 기쁨으로 생활했던 것입니다.

새벽이 가까워 올수록 어둠이 짙은 것처럼 로마에서 기독교가 공인되기 전에 있었던 마지막 박해는 참으로 가혹했습니다. 기독교인들은 시민권이 박탈되고 교회가 불태워졌으며 많은 성직자와 교회의 직분자들이 체포되었지요.

투옥된 지도자들은 로마의 신들에게 제사하도록 강요당했는데 이에 불복할 때는 가혹한 형벌이 가해졌습니다. 박해가 어찌나 극심했던지 그 시기가 지난 후 몸에 채찍 자국이나 고문의 흔적이 없으면 신앙을 의심할 정도였다고 합니다. 마침내 주후 313년 콘스탄티누스 대제가 기독교를 공인함으로 박해는 일단락 지어졌습니다.

이처럼 심한 박해 속에 죽어간 순교자들에게는 대부분 자신이 그리스도인임을 부인하면 살 수 있는 기회가 있었습니다. 그러나 그들은 그리스도인임을 부인하는 대신 차라리 죽음을 원했지요. 자신의 죄짐을 대신 지고 참혹한 십자가에 달려 죽으신 주님을 위하여 생명까지 드릴 수 있음을 오히려 기뻐하며 죽음을 맞았습니다.

여러분은 어떻습니까. 물질을 얻기 위해, 명예를 얻기 위해, 더 나은 권세를 얻기 위해 그리스도인임을 부인하지는 않으셨는지요. 하나님 말씀을 거스르고 범죄하며 주님의 마음에 또다시 못을 박지는 않으셨는지요. 로마서 14장 8절에는 "우리가 살아도 주를 위하여 살고 죽어도 주를 위하여 죽나니 그러므로 사나 죽으나 우리가 주의 것이로라" 말씀합니다.

오늘날에도 기독교를 탄압하고 그리스도인들을 핍박하는 나라가 상당히 많습니다. 이슬람교를 신봉하는 중동과 동남아 일부 국가 및 사회주의 국가 등에서는 여전히 기독교를 배척하고 있습니다. 그러한 지역에서 예수 그리스도를 전하고 믿는 사람들은 대부분 순교를 각오하고 신앙생활을 합니다.

이처럼 이름만 그리스도인이 아니라 세상의 어떤 것으로도 끊을 수 없는 온전한 사랑을 이룬다면 범사에 주님의 사랑받는 증거가 넘쳐나게 될 것입니다. 장차 천국에서는 세세토록 하나님 보좌 가까이 거하는 영광을 누리게 되지요. 그러므로 하나님만을 뜨겁게 사랑함으로 하나님께서 사랑하는 자녀에게 주시려고 예비해 놓으신 모든 축복을 누릴 수 있기 바랍니다.

Chapter 8

구름같이 둘러싼 허다한 증인들

오늘날도 구름같이 둘러싼 허다한 증인들

시공을 초월한 권능의 역사를 체험한 사례

연약함을 치료받은 경우

각종 사고로 인한 문제를 해결받은 경우

가정의 화목과 잉태의 축복을 받은 경우

영적인 세계를 알게 하신 경우

이러므로 우리에게 구름같이 둘러싼
허다한 증인들이 있으니
모든 무거운 것과
얽매이기 쉬운 죄를 벗어 버리고
인내로써 우리 앞에 당한 경주(競走)를 경주하며

히브리서 12:1

나뭇잎이 하늘하늘 흔들리는 것을 보면 누구나 바람의 존재를 느낄 수 있습니다. 마찬가지로 사람으로서 할 수 없는 권능의 역사들이 나타날 때 하나님의 살아 계심을 누구도 부인할 수 없지요. 하나님과 근본 하나이신 예수님은 가는 곳마다 복음을 전하며 소망의 기쁨과 평강을 주셨습니다. 아무리 고칠 수 없는 병이라도 예수님의 손길이 닿으면 치료되고 죽은 사람이 살아나는 등 수많은 역사가 나타났습니다.

이러한 예수님의 사역이 얼마나 많았던지 사도 요한은 "예수의 행하신 일이 이 외에도 많으니 만일 낱낱이 기록된다면 이 세상이라도 이 기록된 책을 두기에 부족할 줄 아노라"(요 21:25) 하고 요한복음을 마무리하면서 고백했습니다.

오늘날도 구름같이 둘러싼 허다한 증인들

예수님이 승천하신 후, 그리스도인들은 성령의 능력으로 권능을 행하며 살아 계신 하나님을 증거합니다. 성경에 나타난 모든 기사와 표적들은 거짓으로 지어낸 이야기가 아닙니다. 구약 시대나 예수님 당시에만 있었던 일도 아니며, 믿음이 큰 선지자나 주의 종에게만 나타나는 일도 아닙니다. 하나님께 진실한 믿음을 내보이는 모든 사람에게 나타나는 현실입니다.

예수님 당시 허다한 증인들이 있었던 것처럼 오늘날에도 우리 교회에는 하나님의 살아 계신 증거가 무수합니다. 누구보다도 저 자신이 하나님의 증인이지요. 젊은 날에 7년 동안이나 병석에서 세월을 보내다가 누님의 전도로 성전에 나가 무릎을 꿇는 순간 갖가지 질병을 깨끗이 치료받았으니 어찌 하나님을 인정하지 않을 수 있었겠습니까?

죽음만 기다리던 제가 이제는 주의 종으로서 전 세계에 복음을 전하는 전도자가 되었으니 얼마나 감사한지요. 더욱 감사한 것은 저를 통하여 많은 이들이 살아 계신 하나님을 만났다는 점입니다. 그들 중 일부를 소개함으로 하나님께 영광을 돌리고자 합니다.

각색 질병을 치료받은 경우

아무리 재물과 권세가 많아도 당장 몸이 아프고 불편할 때는 그 모든 것이 별 의미가 없습니다. 의학에 의존하여 많은 돈과 시간을 들여서라도 치료되었다면 그나마 다행이지만, 그렇지 못한 경우가 얼마나 많습니까. 그러나 교회에 나와 하나님의 능력으로 건강과 생명을 얻고, 불구된 것까지 온전케 된 사례는 헤아릴 수 없이 많습니다.

조대희 목사는 주님을 만나기 전 폐결핵 3기로 병원에서 어찌 할 도리가 없어 죽음만 기다리는 상태였습니다. 오직 살아야겠다는 일념으로 나병 환자가 먹는 독한 약이나 온갖 민간요법까지 동원해 보았지만 차도가 없었습니다.

그러던 중 이웃의 전도로 우리 교회에 나와 설교 말씀에 은혜를 받았습니다. 그 후 기도받을 때 '나도 나을 수 있겠다.'는 믿음이 주어져 3일 금식을 했습니다. 결핵으로 뼈만 앙상하게 남은 상태였지만 생명을 건 믿음의 행함을 내보인 것입니다.

하나님의 은혜가 임하니 지난날의 잘못을 통회자복하고 성령을 받은 뒤 완전히 치료받았습니다. 이런 체험을 통해 온 가족이 복음화되었고, 삼 형제가 주의 종으로서 하나님 나라에 충성하고 있으니 얼마나 감사합니까.

이재호 목사는 여러 일로 긴장했던 탓인지 어느 날 새벽 간헐적으로 구토를 하다가 점점 심해져서 오후에는 몸을 가누지도 못하게 되었습니다. 계속되는 설사와 구토로 탈수현상이 일어나면서 저녁 무렵에는 귀가 들리지 않고 의식조차 희미해졌습니다. 가물가물한 의식 중에 그분은 제 기도를 받게 해 달라고 말한 뒤 혼수상태에 빠지고 말았습니다. 당시 저는 부흥성회를 인도하던 중이었지요.

기도받기 위해 부흥성회가 끝나기를 기다리는 동안 그분의 상태가 점점 심해졌습니다. 급기야 온몸이 마비되고 근육이 뒤틀리는 현상이 수 차례 반복된 후 완전히 의식을 잃고 호흡이 멎은 상태가 되었다고 합니다. 제가 성회를 마친 후 곧바로 기도해 주었는데, 이내 굳었던 몸이 풀리고 의식이 돌아왔습니다. 며칠 후에는 건강을 되찾아 우리 교회 부목사로 사역하다가 지금은 라틴 아메리카에서 복음을 전하고 있습니다.

박홍기 장로는 공해병이라는 희귀병에 걸려 휴직해야만 했습니다. 공해병은 공기 중의 공해성분이 뇌와 척추 신경으로 들어가 척추 신경장애를 일으키는 신종질환입니다. 병세가 심한 날에는 하루에 5분 이상 잠을 못 자고 음식을 먹지 못하니 체중은 약 20Kg이나 빠져서 뼈만 앙상했습니다.

기나긴 투병 생활에 지칠 대로 지친 나머지 삶을 마감하고 싶은 충동이 수시로 찾아왔습니다. 하지만 짜증 한 번 내지 않고 병 수발해 온 아내와 두 아이의 얼굴이 떠올라 마음을 추스르곤 했습니다. 이런 그가 7년간의 투병생활 중에 우연히 접한 저의 간증 책을 읽으면서 치료의 확신이 들었다고 합니다.

1997년 5월, 우리 교회의 부흥성회에 참석한 그는 설교를 듣는 중에 지나온 삶을 돌아보며 한없는 통회의 눈물을 흘렸습니다. 그리고 저에게 기도를 받은 뒤 깨끗이 치료되었습니다. 병원 확인 결과 혈액검사를 포함한 30여 가지의 정밀 검사에서 정상 판정을 받았습니다. 이제 직장에 복직하여 가장으로서 행복한 삶을 누리고 있습니다. 그 외에도 뇌종양이나 각종 암, 간경화 등으로 사형선고를 받은 이들이 치료받아 건강한 모습으로 신앙생활하는 경우도 많습니다.

시공을 초월한 권능의 역사를 체험한 사례

파키스탄에 사는 신시아는 일곱 살짜리 꼬마였습니다. 어느 날 새벽, 갑자기 구토를 심하게 하더니 며칠 뒤 심한 설사에 혈변까지 나오자, 놀란 가족들은 아이를 병원에 입원시켰습니다. 검사 결과 대장 폐쇄증에 셀리악(단백질인 글루텐에 대한 알레르기 반응으로 소장을 손상시키는 유전질환)까지 겹쳐 매우 위험한 상태였습니다. 몸이 약해 수술도 할 수 없는 상황이었습니다.

때마침 한국에 머물던 신시아의 언니가 제게 동생 사진을 가져와 급히 기도를 요청했습니다. 제가 사진에 손을 얹고 기도하는 순간, 파키스탄에 있던 신시아에게 기적 같은 일이 일어났습니다. 증세가 급속히 호전되더니 장 기능이 완전히 회복된 것입니다. 기도받은 지 3일 만에 퇴원한 신시아는 지금까지 건강한 모습으로 신앙생활을 잘하고 있습니다.

이처럼 직접 안수 기도하지 않아도 국내외 곳곳에서 시공을 초월하여 깨끗이 치료되는 경우가 많습니다. 중국에 사는 한 성도는 갑자기 배가 아프더니 구토와 설사를 계속하여 검사를 받았더니 화농성 담낭염과 간농양(담낭과 간에 농이 차는 병)이라는 것이었습니다. 수술을 해야 하는데, 워낙 몸이 약하여 전신 마취 상태에서 깨어나지 못할 수도 있다고 했습니다.

이런 상황에서 서울에 있던 딸이 저에게 사진을 가져와 기도를 받았는데, 바로 그때 중국에 있던 아버지에게서 통증이 사라졌다고 합니다. 기도받은 다음 날, 수술을 위한 마지막 검사를 했는데, 아무 이상이 없어서 의사들도 매우 놀라워했다는 소식을 들었습니다.

이렇게 믿음으로 치료받기 위해서는 무엇보다 하나님과의 사이에 막혀 있는 죄의 문제를 해결해야 합니다. 이미 치료받은 성도들을 보더라도 그냥 하늘에서 은혜가 쏟아진 것이 아닙니다. 먼저는 마음을 찢으며 통회자복을 했지요. 통회자복을 하면 마음이 시원하고 날아갈 듯 가벼워집니다. 회개함으로 죄의 짐이 덜어졌기 때문에 성령의 역사를 받을 준비가 되는 것입니다.

또한 작정기도와 금식으로 미리 준비한 성도들은 대부분 치료받습니다. 그 외에 특별한 정성을 내보였을 경우에도 하나님께서는 신속히 응답해 주십니다. 일본이나 중국 등 해외에서 온 성도들이 대부분 치료받는 것을 보면서 먼 길을 마다않고 찾아오는 자체를 하나님께서 믿음의 행함으로 보신다는 점을 알게 되었습니다.

믿음도 정성도 내보이지 않는다면 응답받기란 쉽지 않습니다. 더구나 멀리 해외에 사는 것도 아닌데 직접 나오지 않고 사진 기도나 전화 기도를 요청한다면 응답받을 마음가짐이 아닙니다. 누가복음 5장에 나오는 중풍병자의 모습을 통해 알 수 있습니다. 그는 혼자서 움직일 수 없으니 친구들의 도움을 받아 예수님이 계신 곳까지 찾아갔습니다. 들것에 실려 갔지만, 예수님 주변에는 이미 수많은 사람이 모여 있어서 도저히 가까이 갈 수가 없었습니다.

어찌할 수 없는 현실 앞에서도 그와 친구들은 포기하지 않고 기도받을 수 있는 방법을 찾습니다. 결국 예수님이 계신 곳의 지

붕을 뚫고 나갔던 것입니다. 이런 정성을 보신 예수님께서 그에게 "네 죄 사함을 받았느니라", "일어나 네 침상을 가지고 집으로 가라" 말씀하십니다. 그 순간 중풍병자는 불편했던 몸을 깨끗이 치료받아 건강하게 걸어서 돌아갔지요.

소경 바디매오도 마찬가지입니다(막 10장). 그는 앞을 보지 못하니 여리고에서 구걸하며 하루하루 연명하는 신세였습니다. 그날도 사람들이 많이 왕래하는 길목에 자리를 잡고 구걸하는데, 평소 분위기와 다른 것을 느끼고 사람들에게 영문을 물었습니다. 그러자 '나사렛 예수'라는 분이 지나가신다는 것입니다. 그는 이미 예수님께서 사람들의 질병을 치료하며 기적 같은 일을 베푸신다는 소문을 들어 알고 있었습니다.

바디매오는 예수님이 계신 곳을 향해 큰 소리로 "다윗의 자손 예수여 나를 불쌍히 여기소서" 하며 외칩니다. 이런 그에게 사람들은 조용히 하라고 꾸짖습니다. 그런데도 주저하지 않고 더욱 큰 소리로 예수님께 도움을 요청합니다. 결국 그의 간절한 외침을 들은 예수님께서 발걸음을 멈추고 "네게 무엇을 하여 주기를 원하느냐" 하고 물으십니다. 그러자 그는 "보기를 원하나이다"라며 자신의 소원을 구하여 응답을 받았습니다.

그런데 회개하고 믿음으로 치료받았다 해도 재발하는 경우가 있습니다. 베데스다 못 주변에서 38년 된 병자가 치료받았을 때 예수님께서는 "보라 네가 나았으니 더 심한 것이 생기지 않게 다시는 죄를 범치 말라"(요 5:14) 하며 당부하셨지요. 이를 통해 믿음으로 치료받은 뒤 신앙생활을 잘하는 것이 매우 중요하다는 것을 깨우칠 수 있습니다.

신앙생활의 목적은 단순히 질병 치료가 아니라, 하나님의 살아 계심을 믿고 구원받아 천국에 가는 것입니다. 그래서 하나님의 능력으로 치료받은 뒤 그 은혜를 잊어버리고 세상을 향해 떠난다면 하나님께서 지켜 주실 수 없습니다. 원수 마귀 사단이 각종 시험 환난과 질병을 가져다주므로 병이 재발하거나 그보다 더 큰 재앙이 생기는 것입니다.

따라서 각 사람의 중심을 아시는 하나님께서는 기도에 즉시 응답하기도 하지만 어떤 경우는 믿음이 견고해질 때까지 기다리십니다. 혹은 시일이 오래 걸린다 해도 믿음이 자라는 만큼 조금씩 치료해 주기도 하시지요. 이런 사실을 기억하여 소원을 응답받는 것은 물론, 끝까지 믿음을 지킴으로 반드시 구원에 이르러야 하겠습니다.

연약함을 치료받은 경우

연약함은 감기, 몸살 같은 가벼운 병을 말하는 것이 아닙니다. 신체의 어떤 기관이 잘못되어 그 기능이 마비되거나 퇴화되어 정상 활동이 불가능한 이상 증세를 말합니다. 앞을 보지 못하던 사람이 보게 되고, 듣지 못하던 사람이 듣고 말하는 것, 혹은 교통사고나 질병 등으로 마비된 신체가 회복되어 제 기능을 할 때 연약함이 치료되었다고 합니다.

온두라스에서 사역하는 엑도르 밀란 메히아 목사는 우리 교회 소식을 듣고 직접 방문한 뒤 영적으로 큰 도전을 받았습니다. 더욱이 짠 물이 단물로 바뀐 무안단물터를 방문했을 때 단물을 눈에 바르면 시력이 좋아질 것 같은 마음이 들었습니다. 세 차례 눈에 발랐는데, 비늘 같은 것이 눈에서 떨어지는 느낌이 들더니 안경을 쓰지 않고도 사물이 잘 보였습니다. 평소 안경을 벗으면 포스터의 제목 같은 아주 큰 글씨 외에는 보이지 않았는데 이제는 명함의 작은 글씨까지 잘 보이게 된 것입니다.

2000년 9월, 일본 나고야 신유 대성회만 해도 많은 분들이 시력을 회복하고 움직이지 못하던 팔과 다리를 움직여 자유롭게 걷고 뛰었습니다. 또 성회 소식을 듣고 열세 명의 농아들이 참석했다가 치료받은 사례도 있습니다. 그들은 수화로 동시 통역되는 말씀을 듣고 은혜를 받은 뒤 환자 기도를 통해 열 명이 소리를 들을 수 있게 되었습니다.

한때 농아인이었던 이 부부도 그렇습니다. 여자분은 여덟 살 때 부둣가에 매어 둔 배에서 놀다가 발이 미끄러지는 바람에 이마를 다치면서 정신을 잃고 말았습니다. 잠시 후 정신을 차리고 일어났으나 그 후부터 아무것도 듣지 못했습니다. 놀란 어머니는 이곳저곳 병원에 데리고 다녔지만 소용이 없었습니다. 귀가 들리지 않으니 늘 두려움이 엄습해 왔고, 주변 사람이 자신을 놀리는 것만 같아 피해 다니곤 했습니다.

가정 형편이 어려워 농아인 학교에 가는 것은 엄두도 못 내다가 뒤늦게 입학하여 수화와 재봉틀 일을 배워 생계를 꾸릴 수 있었습니다. 어느 날, 이웃의 전도로 나고야 성회 때 농아인들이 치료받은 소식을 전해들으면서 우리 교회에 나오기 시작했습니다.

같은 농아인 남편과 함께 교회에 등록하여 신앙생활 하던 중, 부흥성회 때 남편이 간염과 청각 장애를 치료받았습니다. 남편이 저에게 기도를 받을 때 바람이 불어오는 듯한 시원한 느낌을 받았는데, 그 후 왼쪽 귀에서 조금씩 소리가 들리더니 오른쪽 귀에서는 아주 크게 들린다는 것이었습니다. 여자분 역시 성회가 모두 끝난 후에 "쏴~" 하는 소리가 들림과 동시에 잃었던 청력을 되찾았습니다. 이제 부부가 소리를 듣게 되어 말을 배워 가는 중입니다.

김윤섭 집사의 경우도 연약함을 치료받은 대표적 사례입니다. 그는 직장에서 전기 공사를 하던 중 5층 높이에서 떨어져 지체장애 1급 판정을 받았습니다. 척추 보조기를 한 채 제대로 누울 수도 없어 늘 앉아서 생활해야만 했습니다. 그러던 중, 1998년 11~12월에 열린 환자 집회에 참석하여 저에게 안수기도를 받은 후 척추 보조기와 휠체어를 버리고 목발을 짚을 수 있게 되었습니다. 이듬해 5월 부흥성회 때는 기도받은 후 목발을 버리고 9년 만에 스스로 걸었습니다. 걷고 뛰는 것은 물론, 자전거도 타는 등 완전히 정상으로 치료되었습니다. 지금은 결혼하여 행복한 가정을 이루고 하나님 나라에 충성 봉사하고 있습니다.

송희경 집사는 선천성 경직성 뇌성마비로 척추가 15도 정도 휜데다 골반까지 틀어져 왼쪽 다리가 땅에 닿지 않았습니다. 1997년 5월, 부흥성회에 참석한 첫날 기도를 받는 순간, 척추에 파스를 붙인 것처럼 시원했다고 합니다. 그 후 병원 진단 결과, 휘었던 척추가 펴지고 뒤틀린 골반이 정상으로 나타났습니다. 4cm나 짧았던 왼쪽 다리가 길어져 발뒤꿈치가 땅에 닿으니 편안하게 걸을 수 있게 되었습니다.

이 외에도 박희진 전도사는 대형 교통사고로 휠체어 신세를 지며 평생 장애인으로 살아야 했습니다. 그러나 부흥성회에 참석하여 기도를 받은 즉시 걷고 뛸 수 있었습니다. 이렇게 하나님의 권능으로 장애를 안고 살아야 하는 삶에서 건강과 행복을 찾은 이들이 무수히 많습니다.

각종 사고로 인한 문제를 해결받은 경우

오늘날 예상치 못한 사고나 위험, 재난을 겪으면서 불행한 삶을 사는 이들이 많습니다. 그런데 교통사고나 안전사고, 화상 등으로 생명이 위독하던 사람이 하나님의 능력으로 건강하게 회복된 경우, 심지어 호흡이 끊어지고 몸이 굳어가다가도 기도로 살아난 경우도 있습니다.

정철수 목사는 경사진 곳에 서있던 1.5톤 탑차가 미끄러지는 것을 막으려다 탑차와 승합차 사이에 끼이고 말았습니다. 이로 인해 흉부 대동맥 파열과 심한 폐손상으로 수술조차 할 수 없을 정도로 위급한 상태였습니다. 또한 오른쪽 팔 신경 손상으로 오른손과 팔을 거의 움직일 수 없었습니다.

사고 소식을 듣고 저는 교회에서 그분을 위해 기도를 했는데, 의사들이 거의 포기했던 흉부 대동맥 수술을 할 수 있게 되었습니다. 그러나 워낙 폐가 심하게 손상되었기 때문에 수술 후에도 중환자실에서 산소 호흡기를 의지해야 했고, 폐는 회복되기 힘들다고 했습니다. 이런 상태인데도 부흥성회에 참석하여 저의 기도를 받은 뒤 숨을 쉴 수 있겠다는 믿음이 와서 산소 호흡기를 뗐다고 합니다.

그 후 기도를 받는 대로 폐는 물론, 신경이 손상된 오른쪽 팔이나 모든 기관이 정상으로 돌아왔습니다. 지금은 건강하게 주의 종으로서 사역하고 있습니다.

기적의 주인공 중에 또 한 사람이 바로 김은득 권사입니다. 1986년 당시 62세의 나이로 젖은 식당 바닥에 미끄러지면서 펄펄 끓는 물을 뒤집어쓰고 말았습니다. 가슴과 배, 팔과 다리 등 온몸에 3도 화상을 입어 병원에 가도 살 가망이 없었지요. 무엇보다 화기로 말할 수 없는 고통을 당해야 했습니다.

그분을 위해 "화기야 물러가라"며 기도하였더니 화기가 즉시 물러가 열로 인한 고통은 받지 않았습니다. 대부분 화상을 입으면 화기 때문에 심한 고통을 받지만, 더 위험한 것은 화기가 몸

속으로 들어가 신체기관과 장기를 상하게 만드는 것입니다. 그런데 기도로 화기가 물러갔으니 신체기관에 손상을 입지 않는 것은 물론, 통증도 사라진 것이지요.

그 후 매일 한 차례씩 기도해 드리면서 하나님께서 완전히 죽어버린 세포나 신경조직을 어떻게 소생시키시는지 확인하게 되었습니다. 무더운 여름날인데도 하나님이 역사하시니 살이 곪거나 썩지 않았습니다. 딱지가 입혀지고 벗겨지기를 세 차례 반복하더니 어린아이 같은 피부로 소생하고 핏줄이 형성되는 것이 눈에 보였습니다. 불과 3개월 만에 오직 기도로 흉터 하나 없이 깨끗하게 치료되었습니다. 피부 이식이나 약물 치료 등 의학에 전혀 의존하지 않았음은 물론입니다.

이경철 집사는 회사에서 작업을 하다가 팔에 2도 화상을 입었습니다. 그때 급히 음성 전화사서함 환자기도를 받은 뒤 곧바로 화기가 빠져 나갔으며, 그후 직접 저에게 기도를 받자, 급속히 치료되어 흉터 없이 정상적인 피부로 돌아왔습니다.

사람이 전신 3도 화상을 입으면 사망하는 경우가 많고 혹 살아난다 해도 피부가 심하게 일그러져 정상적인 사회생활이 불가능하다고 합니다. 또한 의학에 의존하면 아무리 성공적으로 피부

이식을 하더라도 후유증과 함께 보기 흉한 상처들이 남아 정신적 고통을 당하며 숨어 지내기도 합니다. 하지만 전지전능하신 하나님께 온전히 의뢰하여 믿음으로 치료받은 경우에는 흉터도 없이 깨끗이 치료됩니다.

물질의 축복을 받은 사례

우리가 하나님께 믿음으로 맡기면 건강의 문제뿐 아니라 물질의 축복도 얼마든지 받을 수 있습니다. 한 예로, 운영하던 공장이 부도가 나서 어려움을 겪던 어느 부부는 제게 나와 믿음으로 축복기도를 받은 후 다음 날부터 거래처에서 주문량이 폭주하는 체험을 했습니다.

또 하나님의 권능이 담긴 무안단물을 통해 성도들은 질병 치료는 물론, 각종 신기한 체험을 많이 합니다. 전남 무안에는 우리 교회의 지교회가 있는데 원래 섬에 위치한 곳이라 식수는 물론 생활용수도 부족하여 어려움이 많았습니다. 지하수를 파도 짜고 써서 마실 수 없는 바닷물밖에 나오지 않았는데, 무안 만민교회 담임목사와 성도들은 마라의 쓴 물이 단물로 바뀐 것처럼(출 15:25), 바닷물도 마실 수 있는 물로 바뀔 수 있음을 믿고 기도했습니다. 그리고 저에게 무안에 내려와 짠 물이 단물이 되도록 기도해 줄 것을 수 차례 요청했지요.

2000년 2월, 저는 10일간 산상 기도를 하던 중 특별히 무안 만민교회를 위해 기도했습니다. 그동안 무안 만민교회에서도 성도들이 작정하여 릴레이 금식을 하며 교회와 목자를 위해 기도하였는데, 10일 동안 날마다 성전 하늘 위에 원형 무지개가 나타났다고 합니다.

산상 기도를 마치고 내려온 저는 3월 4일, 성령의 주관을 받아 무안의 짠 물이 단물로 변하게 해 달라고 기도했습니다. 제가 직접 무안에 가서 기도한 것이 아니었지만 하나님께서는 천 리 밖에 있는 그곳에 시공간을 초월한 역사를 베풀어 짠 물을 단물로 변화시켜 주셨습니다.

그런데 무안단물을 통해 식수 문제 해결은 물론, 치료와 응답의 역사까지 나타납니다. 쌍꺼풀이 없는 이들이 믿음으로 단물을 바르면 쌍꺼풀이 생기고, 피부병이나 위장병은 물론 각종 질병이 치료되고 시력이 회복되는 것입니다. 이 밖에도 고장난 기계가 고쳐지고 죽어 가던 동식물이 살아나는 등 국내외에 단물을 통한 간증은 헤아릴 수 없이 많습니다.

안성에 사는 이 부부도 단물을 통해 축복을 체험한 경우입니다. 하루는 남편이 사육장에서 근무하다가 한꺼번에 비실거리며 죽어 가는 병아리들을 발견하게 되었습니다. 병아리들이 먹지도 않고 꾸벅꾸벅 졸면서 점차 죽어 가는데 온갖 방법을 다 동원해 보아도 회복될 기미가 없었습니다. 급기야 1만 7천여 마리나 되는 병아리들이 폐사 직전에 이르고 말았습니다.

하지만 부부는 믿음으로 기도하면서 큰 물통에 무안단물 한 병을 섞어 사육장에 있는 병아리들에게 공급했습니다. 얼마 후 모든 병아리들이 활기차게 움직이며 건강을 회복했습니다. 하나님께서는 그 후로도 병아리 사육에 초보였던 남편이 숙련된 경험자 이상으로 직장에서 인정받도록 축복해 주셨습니다.

가정의 화목과 잉태의 축복을 받은 경우

그 밖에도 마음의 소원을 응답받은 사례는 이루 헤아릴 수 없이 많습니다. 이혼 위기에 놓인 부부가 화목하게 바뀌고, 귀신들려 고통받던 이들이 놓임받으며, 수년 동안 자녀가 없어 고민하던 부부가 잉태하는 등 축복의 소리가 넘쳐납니다.

특히 1993년 부흥성회 때는 하나님께서 아이가 없는 부부들을 위해 단에서 기도하도록 주관하셨습니다. 그 기도로 5년, 혹은 10년 이상 아이를 갖지 못하던 수십 쌍의 부부가 동시에 잉태하는 일도 있었습니다. 그 소문이 국내외에 퍼져 나가니 여기저기서 잉태를 위한 기도를 요청하여 응답받은 사례가 얼마나 많은지요. 1996년 부흥성회 때에는 일본에 거주하는 최윤영 집사 부부가 제게 기도받은 후 잉태하였는데 이를 간증하며 부지런히 복음을 전한 결과 야마가다 만민교회가 세워졌습니다.

그 후로도 많은 분들이 잉태의 축복을 받았는데 그중에서도 김옥자 집사는 여러 가지 축복을 한꺼번에 받은 경우입니다. 가정 불화로 가족과 다투다가 홧김에 그라목손이라는 제초제를 마셨습니다. 그 약은 독성이 매우 강해 해독제가 없으며 조금만 마셔도 대부분 사망한다고 합니다.

속수무책으로 병원에 누워 있던 중, 동생의 권유로 제게 기도를 받고 통회자복을 하게 되었습니다. 그러자 온몸에 땀이 비오듯이 쏟아지면서 모든 신체 기능이 정상으로 돌아왔습니다. 땀을 통해 농약의 독성이 빠져 나온 것입니다. 얼마 후에는 눈물샘의 이상으로 다시 한 번 기도를 받았는데 눈의 치료는 물론, 잉태의 축복까지 받았습니다.

결혼한 지 21년이 넘도록 자녀가 없어 비롯된 불화로 자살을 시도했던 것인데, 마침내 아들을 낳았으니 얼마나 감사한 일인지요. 죽을 수밖에 없던 사람이 기도받고 살아난 것도 기적인데 잉태의 축복을 받았으니 의학으로는 설명할 수 없는 창조주 하나님의 권능을 체험한 것입니다.

부모는 자녀가 아프면 자신이 아픈 것보다 더 고통스럽습니다. 대신 아파 줄 수 있다면 좋으련만 그저 곁에서 바라보아야 하는 부모의 심정은 매우 안타깝지요.

예전에 1.2kg의 칠삭둥이를 데려온 분이 있었습니다. 갓 태어난 아기는 심한 빈혈에 혈액순환 장애, 뇌출혈, 시력장애 등으로 병원에서도 포기한 상태였습니다. 하지만 사랑하는 아기를 살리기 위해 어머니는 소문을 듣고 우리 교회까지 찾아온 것입니다. 1994년 부흥성회에서 저에게 기도를 받은 뒤 아기가 점점 회복되어 건강을 되찾았습니다.

강화숙 집사는 일곱 살 난 둘째 아들을 통해 살아 계신 하나님을 체험했습니다. 하루는 아이에게 감기 기운이 있더니 한 달이 지나도 여전한 것입니다. 어지럼증으로 아이가 자꾸 주저앉는가 하면 피로와 고열로 힘들어하여, 병원 진단 결과 급성 임파구성 백혈병이었습니다.

급히 아이를 입원시키고 항암 치료와 골수 검사를 받는데, 마취를 시키지도 않은 채 기다란 주사바늘로 골수를 찌르기 때문에 아이는 비명을 지르고, 그 모습을 지켜보아야 하는 부모는 안타까워 그저 눈물만 흘렸습니다. 그러던 중, 아이의 오른쪽 뇌가 바이러스에 감염되어 혼수상태에 빠지고 말았습니다. 회복되어도 정상적인 생활이 불가능하며, 그날이 고비라는 것이었습니다.

이런 상황에서 친정오빠에게 전화를 했는데, 마침 오빠가 우리 교회에 다니고 있었지요. 병실을 찾아온 오빠가 믿음을 심어주며 저에게 기도받은 손수건을 얹고(행 19:12) 아이에게 기도를 했습니다. 몇 시간 뒤 아이가 깨어나자, 어머니인 강화숙 집사는 희망이 생겼고, 인터넷으로 금요철야예배를 드리게 되었습니다. 그때 우상을 섬긴 것과 하나님을 찾지 않았던 것을 회개했더니 치료받겠다는 믿음이 오더라고 합니다.

결국 부흥성회에 참석하여 저에게 환자기도를 받았는데, 갑자기 눈앞에서 불이 이글거리면서 몸이 뜨거워지더니 희한하게도 아이의 코에서 누런 콧물이 계속 흘렀습니다. 그 후 아이의 병세가 급속도로 호전되어 기운을 차리고 잘 먹고 잘 노는 것입니다. 며칠이 지나도 아픈 증세를 보이지 않아 병원 진단을 받으니 치료된 것을 확인할 수 있었다고 합니다. 아이의 치료를 통해 온 가족이 복음화되었음은 물론입니다.

이 외에도 다운증후군이나 기형으로 태어나리라는 진단을 받았던 태아가 기도받은 후 정상으로 출생하고 죽음의 위기에 있던 아이가 살아나는 등 자녀들의 문제를 응답받은 사례도 무수히 많습니다.

영적인 세계를 알게 하신 경우

개인적인 축복 외에도 하나님께서는 성도들의 영안을 열어 주셔서 육의 눈으로 볼 수 없는 영적인 세계를 알게 하셨습니다. 성령의 불이나 영적인 빛들을 보기도 하고, 에덴동산이나 천군과 천사, 선지자들, 주님의 모습, 천국을 보는 분들도 많습니다.

1998년부터는 때에 따라 태양을 둘러싼 원형 무지개를 비롯한 온갖 형태의 희한한 무지개를 수없이 보여 주셨습니다. 창세기 9장에 노아의 홍수 이후로 무지개를 통해 하나님의 언약을 나타내신 것처럼 우리와 함께하심을 늘 나타내시는 것입니다. 뿐만 아니라 청명한 하늘에 구름이 생겨났다 사라지는 모습과 밤하늘에 별들이 이동하는 모습도 보여 주시며 육안으로 보는 하늘만이 전부가 아니라는 사실을 깨우쳐 주셨지요.

성경에는 죽음을 보지 않고 산 채로 들림받은 믿음의 선진들이 나옵니다. 악은 모양이라도 버리고 성결되어 하나님을 기쁘시게 하는 자라는 증거를 받은 에녹, 하늘로부터 온 불말과 불병거를 타고 승천한 엘리야, 사망 권세를 깨뜨리고 부활 승천하신 주님이 바로 그러한 분들입니다. 이러한 사실은 눈에 보이지 않는 영적인 세계가 있다는 것을 말해 줍니다.

하나님께서 이런 일들을 베푸시는 것은 우주의 주관자이며, 창조주, 심판주가 되시는 하나님을 세계 만민으로 하여금 믿게 하려는 것입니다. 또한 하나님께 속한 영의 세계를 사모하게 하려는 것이지요. 예수님께서 제자들을 돌아보며 "너희의 보는 것을 보는 눈은 복이 있도다 내가 너희에게 말하노니 많은 선지자와 임금이 너희 보는 바를 보고자 하였으되 보지 못하였으며 너희 듣는 바를 듣고자 하였으되 듣지 못하였느니라"(눅 10:23~24) 말씀하신 것과 같습니다.

하루는 예수님께서 사마리아에 위치한 수가라 하는 동네를 지나가실 때였습니다(요 4장). 동네에 우물이 있어 그곳에서 잠시 쉴 때 제자들은 먹을 것을 구하러 마을로 들어갔습니다. 그때 마침 사마리아 여인이 물을 길러 나왔다가 예수님을 만났습니다. 여인의 갈급한 마음을 아시는 예수님께서는 물을 달라고 말을 건네며 복음을 전하셨습니다.

예수님과의 대화를 통해 여인은 '나를 처음 보고도 내 마음을 알며 내 과거를 아는 분, 위엄과 권세 있는 말씀을 증거하시는 이 분이 정녕 하나님께서 약속하신 메시아구나.' 하고 깨우쳤습니다. 그 자리에 물동이를 버려두고 여인은 마을 사람들에게 달려갔습니다. 자신이 발견한 메시아와 그분의 말씀을 자신의 마음속에만 묻어둘 수 없었던 것입니다. 여인의 말을 들은 마을 사람들이 우물가로 나와 예수님을 만났습니다.

그들이 예수님과 이틀을 함께 지낸 후에는 여인에게 어떤 고백을 했을까요? 요한복음 4장 42절에 "이제 우리가 믿는 것은 네 말을 인함이 아니니 이는 우리가 친히 듣고 그가 참으로 세상의 구주신 줄 앎이니라" 했습니다. 이제는 다른 사람이 전하는 것을 듣고 믿는 막연한 믿음이 아니라는 것입니다. 자신들이 직접 보고 들음으로써 참된 믿음이 마음에서부터 우러나왔기 때문입니다.

우리도 누군가에게 전도를 받고 교회에 나왔습니다. 처음에는 '정말 그런지 확인해 보자.' 싶은 마음으로 왔더라도 직접 듣고 보면 참 믿음이 됩니다. 히브리서 13장 8절에 "예수 그리스도는 어제나 오늘이나 영원토록 동일하시니라" 하신 것처럼 영원토록 동일하신 주님께서는 믿음으로 나오는 모든 사람에게 구원과 응답과 축복을 주십니다.

이제는 자신이 직접 하나님의 권능을 체험함으로 예수 그리스도의 증인으로서 복된 삶을 영위해야겠습니다. 그리하여 주님께서 오실 때에 칭찬을 받고 아름다운 천국에서 귀한 상급을 얻는 주인공이 되시기 바랍니다.

Chapter 9

믿음으로 모든 세계가 하나님의 말씀으로 지어진 줄을 우리가 아나니

전지전능하신 하나님을 믿고 전폭적으로 맡겨야

하나님 말씀대로 행하는 것이 참된 믿음

생사화복을 주관하시는 하나님을 믿으면

하나님께서 주신 꿈을 이룰 줄 믿어야

상 주시는 하나님을 바라보아야

세상이 감당치 못하는 자가 되어야

구름같이 둘러싼 허다한 증인들처럼

믿음으로 모든 세계가
하나님의 말씀으로 지어진 줄을
우리가 아나니 보이는 것은
나타난 것으로 말미암아 된 것이 아니니라

히브리서 11:3

하나님께서는 말씀으로 우주 만물을 지으신 분이며, 전지전능하시고 생사화복을 주관하시는 분입니다. 따라서 우리가 믿음으로 하나님을 기쁘시게 한다면 어떤 질병이나 연약함, 얽히고설킨 문제들도 순간에 해결해 주실 수 있습니다.

말씀을 통해 하나님 앞에 응답받을 만한 믿음을 갖지 못한 이유가 무엇인지를 스스로 돌아보며 점검하는 것이 중요합니다. 앞서 말씀드린 1장부터 8장까지의 내용을 다시 한 번 간략하게 살펴보고자 합니다.

전지전능하신 하나님을 믿고 전폭적으로 맡겨야

사람의 한계로는 도저히 불가능한 일들, 전혀 바랄 수도 생각할 수도 없는 일들도 하나님의 능력으로는 가능하다고 믿으면 하나님의 역사를 체험할 수 있습니다.

이처럼 믿음이란 전능하신 하나님과 나를 연결해 주는 끈과 같은 것이니 응답을 받으려면 믿음으로 하나님께 맡겨야 합니다. 그런데 하나님을 믿는다고 하면서도 막상 어떤 일을 만나면 자신이 하려고 하는 사람들이 얼마나 많은지요. 이미 생각 속에 모든 것을 계획해 놓고 자신이 앞장서서 일을 추진해 나갑니다. 또한 자신의 생각과 한계 속에서 "이것은 돼. 저것은 안 돼." 하며 단정 지어 버립니다. 결국 자신의 능력만큼만 이루다가 한계에 부딪히면 주저앉고 맙니다. 설령 지금은 형통하다 해도 내일은 반대일 수 있습니다. 사람은 내일 일을 알 수 없는 것입니다.

그러므로 내 힘으로 할 수 있다고 하는 교만한 마음을 버리고 겸비한 마음으로 하나님 앞에 나와야 합니다. 전지전능하신 하나님을 전폭적으로 의지하고 모든 것을 믿음으로 맡겨야 한다는 것입니다.

어린아이는 "우리 아빠는 무엇이나 할 수 있다"고 믿습니다. 그렇기 때문에 "이건 될까, 안 될까" 생각하지 않고 무조건 아빠를 믿고 의지합니다. 그러나 성장하면서 아빠가 전능한 존재가 아님을 알게 되니 아빠를 의지하는 마음이 차츰 줄어들지요.

만일 두세 살 먹은 어린아이를 높은 데 올려놓고 "아빠가 받아 줄 테니 뛰어내려라." 하면 이내 뛰어내릴 것입니다. 그런데 예닐곱 살 된 아이는 선뜻 뛰어내리지 못하는데, 그만큼 아빠에 대한 신뢰가 적어진 까닭이지요.

그러나 하나님께서는 못할 것이 전혀 없는 전능하신 분이니 우리는 세상 방법을 의지하는 것이 아니라 범사에 온전히 하나님께 의뢰하는 믿음을 소유해야 하겠습니다.

하나님 말씀대로 행하는 것이 참된 믿음

정녕 하나님을 100퍼센트 신뢰하면 믿음의 선진들처럼 하나님 말씀대로 행합니다. 입술로만 "믿습니다." 고백하는 것이 아니라 말씀에 순종하는 것입니다. 천국과 지옥이 있음을 정말 믿는다면 어찌 말씀대로 살지 않겠습니까. 의심하기 때문에 말씀대로 살지 못하는 것입니다. 야고보서 2장 26절에 "영혼 없는 몸이 죽은 것 같이 행함이 없는 믿음은 죽은 것이니라" 하신 대로 행함이 없다면 그것은 참 믿음이라고 할 수 없습니다.

하나님의 말씀에 순종하려면 먼저 육신의 생각을 깨뜨려 버려야 합니다. 육신의 생각이란 진리에 위배되는 비진리의 생각을 말합니다. 육신의 생각은 결코 하나님 말씀에 순종할 수 없을 뿐만 아니라 하나님과 원수가 되기 때문에(롬 8:7) 깨뜨려야 한다는 것입니다.

예를 들어, 대부분의 사람들은 누가 내 뺨을 때리면 나도 때려 주어야 한다고 생각하지만 하나님께서는 오른쪽 뺨을 때리는 자에게 왼쪽 뺨까지 돌려 대라고 말씀하십니다. 흔히 원수를 갚는 것이 의롭다고 생각하지만 하나님께서는 원수를 갚지 말고 오히려 원수가 주리거든 먹이고 목말라하거든 마시게 하라고 말씀하십니다. 또 사람들은 어떻게 해서든지 높아지려 하고 섬김

받으려 하지만 하나님께서는 도리어 낮아져 섬기는 자가 큰자라고 하십니다.

이와 같이 사람의 생각과 하나님의 생각은 너무나 다르기 때문에 우리가 육신의 생각을 깨뜨리지 않으면 하나님의 뜻을 따를 수 없습니다. 하지만 하나님 말씀이 마음 중심에서 믿어지면 당연히 행함으로 나타나지요.

어떤 사람이 보름 안에 서울에서 부산까지 걸어서 다녀오면 축구공만한 금덩어리를 주겠다고 약속했다고 합시다. 진정 이 말을 믿는다면 "아, 금덩어리를 갖고 싶다."고 말만 하면서 가만히 앉아 있지는 않을 것입니다. 또한 "부산이 얼마나 먼데 어떻게 걸어서 가나?" 이런 생각을 하지도 않을 것입니다. 대부분의 경우 앞뒤를 생각하지 않고 부산을 향해 지체 없이 떠날 것입니다.

한 가지 예를 더 들어 보겠습니다. 중한 질병에 걸려 죽게 된 사람에게 어느 지방에 가면 반드시 낫게 해 주는 병원이 있다고 알려 주었다고 합시다. 아마 50퍼센트만 믿는다 해도 대부분의 사람들은 어찌하든 돈을 마련하여 찾아갈 것입니다.

이와 마찬가지로 하나님 말씀을 정녕 믿는다면 자신의 생각에 맞나, 맞지 않나를 따지지 않고 그대로 행하게 됩니다. 하나님 말씀 안에는 질병 치료뿐만 아니라 모든 문제의 해결 방법이 다 들어 있습니다. 그럼에도 말씀대로 행하지 못하는 이유는 온전히 믿지 못하기 때문입니다.

생사화복을 주관하시는 하나님을 믿으면

믿음의 조상 아브라함은 백세에 얻은 약속의 아들 이삭을 번제로 드리라는 하나님 말씀에 온전히 순종하였습니다. 생사화복을 주관하시는 하나님께서 능히 죽은 자 가운데서 다시 살리실 줄로 믿었기 때문에 기꺼이 드릴 수 있었던 것입니다(히 11:19).

그렇다면 여러분은 하나님 앞에 어떠한 정성을 내보이고 있는지 점검해 보시기 바랍니다. 진정 생사화복을 주관하시는 하나님을 믿는다면 "응답받고 축복받으면 그때 정성 다해 드릴게요." 하지 않습니다. 반드시 응답받을 줄 믿기 때문에 자신의 가장 귀한 것까지라도 먼저 드릴 수 있습니다. 이런 믿음만 있다면 무엇이나 응답받을 수 있지요.

이 세상에 심지 않고 거둘 수 있는 것은 없듯이 하나님 앞에도 심은 대로 거두는 것이 영계의 법칙입니다. 갈라디아서 6장 7절에 "스스로 속이지 말라 하나님은 만홀히 여김을 받지 아니하시나니 사람이 무엇으로 심든지 그대로 거두리라" 하셨기 때문입니다.

하나님께서는 공의 가운데 역사하시기 때문에 심지 않은 사람에게 주실 수 없습니다. 적게 심은 사람에게 많이 주실 수도 없습니다. 하나님 앞에 예물로 심든지, 기도로 심든지, 또는 선행과 봉사로 심든지 반드시 심은 대로 거두게 하시는 것입니다.

세상에서는 때로 심은 대로 거두지 못하는 경우도 있지만 하나님 앞에서는 결코 그렇지 않습니다. 믿음으로 심은 것은 반드시 거두게 되는데 다만 거두는 시기가 사람마다 조금씩 다를 수는 있습니다. 어떤 사람은 당장 거두기도 하고 어떤 사람은 거두는 데 오랜 시간이 걸리기도 하는데, 이는 그릇 준비가 얼마나 되어 있느냐에 달려 있습니다. 중심을 보시는 하나님께서는 응답받을 만한 믿음의 그릇이 준비된 사람에게 가장 알맞은 때에 역사해 주십니다.

그런데 우리 교회 성도들을 살펴보면 초신자라 해도 하나님께서 단번에 역사해 주시는 경우가 많습니다. 하나님 앞에 큰 정성과 믿음을 내보였거나, 한 번의 체험을 통해 앞으로 신앙생활을 잘해 나갈 수 있는 중심인 경우가 대부분이지요. 단번에 큰 체험을 하고도 하나님을 떠나는 사람이 있긴 하지만 한 순간이나마 믿음을 내보이면 어떻게든 치료해 주시고 응답해 주기 원하시는 것이 바로 하나님의 사랑입니다.

하나님께서 주신 꿈을 이룰 줄 믿어야

때로는 믿음 있는 사람에게도 좀처럼 응답이 오지 않는 경우가 있는데, 이때도 결코 흔들리거나 의심하지 말아야 합니다.

요셉은 어릴 적 하나님께서 주신 꿈이 반드시 이루어질 줄을 믿었기에 혹독하리만큼 심한 연단 속에서도 끝까지 소망을 잃지 않았습니다. 만일 여러분이 분명히 하나님 말씀을 믿고 그 말씀에 따라 열심히 행했는데도 오랫동안 응답이 없다면 어떻게 하시겠습니까? 요셉처럼 여전히 기뻐하고 감사할 수 있겠는지요. 결코 하나님의 말씀을 의심하지 말아야 할 것입니다.

그러나 대부분의 사람은 "심고 행했는데도 왜 신속히 응답해 주시지 않는 것일까? 오히려 문제가 더 어려워지는 것 같네." 하고 절망하거나 원망, 불평의 말을 합니다. 바로 이런 말들로 인해 응답을 눈앞에 두고도 그동안 쌓았던 것들이 순간에 무너져 버리는 경우가 있습니다.

진정 믿음이 있다면 현실을 보는 것이 아니라 마음 중심에서 하나님의 신실하심과 전능하심을 믿으니 어떤 상황에서도 부정적인 말을 하지 않습니다. 항상 긍정적인 믿음의 고백이 나오고 마음에서 기쁨과 감사가 떠나지 않는 것입니다. 어찌 하나님께서 이런 사람에게 신속히 응답해 주시지 않겠습니까.

상 주시는 하나님을 바라보아야

정녕 우리가 바라보는 것은 당장 눈에 보이는 육적인 축복이 아니라 영적인 축복이어야 합니다. 이 땅에서 잘 먹고 잘 사는 것이 중요한 것이 아니라 장차 영원히 살게 될 천국에서의 삶이 중요하기 때문입니다.

천국은 처소마다 아름다움과 영화로움의 정도가 다릅니다. 이 땅에서 얼마나 하나님을 사랑하여 그 말씀대로 행하며 주님의 마음을 닮았느냐, 하나님의 나라를 위해 얼마나 충성했느냐에 따라 천국의 처소와 상급이 달라집니다(고전 15:41). 그러므로 하늘에 소망을 두고 살아가는 사람은 신앙을 지키기 위해 이 땅에서 고난의 길을 가야 한다 해도 기쁨과 감사함으로 살아갑니다. 장차 천국에서 받을 영광과 상을 바라보기 때문이지요.

모세는 이런 믿음을 가졌기에 히브리서 11장 26절을 보면 "그리스도를 위하여 받는 능욕을 애굽의 모든 보화보다 더 큰 재물로 여겼으니 이는 상 주심을 바라봄이라" 말씀합니다. 장차 하나님께로부터 받을 상을 바라보았기에 그는 이 땅의 부귀, 명예,

권세를 기꺼이 버릴 수 있었던 것입니다.

이런 믿음이 있다면 설령 이 땅에서 장애의 몸으로 가난하게 산다고 해도 아무 상관이 없습니다. 믿음 있는 사람은 세상의 명예나 부귀, 현실의 편안함을 구하는 것이 아니라 오직 하나님의 뜻대로 행하며 어떻게 하든 하늘의 상급을 쌓기에 힘쓰기 때문입니다. 더구나 천국에는 가난이나 질병이 없고 장애가 있던 몸도 온전해집니다.

그러니 주 안에서 일꾼 된 사람이라면 어떻게 해야 하겠습니까? 하나님의 나라를 위해서 헌신하며 결코 사사로운 욕심을 갖거나 사람들로부터 인정받고자 해서는 안 됩니다. 물론 하나님으로부터 인정받고 칭찬을 받으면 자연히 사람들로부터도 인정받고 칭찬받게 되지요.

에베소서 6장 6~8절에 "눈가림만 하여 사람을 기쁘게 하는 자처럼 하지 말고 그리스도의 종들처럼 마음으로 하나님의 뜻을 행하여 단 마음으로 섬기기를 주께 하듯 하고 사람들에게 하듯 하지 말라 이는 각 사람이 무슨 선을 행하든지 종이나 자유하는 자나 주에게 그대로 받을 줄을 앎이니라" 말씀하셨으니 오직 상 주시는 하나님을 바라보아야 하겠습니다.

세상이 감당치 못하는 자가 되어야

성경에는 이처럼 상 주심을 바라보고 오직 주님만을 생각하며 천국 소망 가운데 살아가는 사람들을 가리켜 “세상이 감당치 못하는 자”라고 합니다. 세상이 감당치 못하는 믿음을 소유한 사람들은 세상을 바라볼 리도 없고 세상의 어떠한 핍박이나 환난 또는 유혹이 와도 결코 타협하지 않습니다.

그래서 로마서 8장 35~37절에 “누가 우리를 그리스도의 사랑에서 끊으리요 환난이나 곤고나 핍박이나 기근이나 적신이나 위험이나 칼이랴 기록된바 우리가 종일 주를 위하여 죽임을 당케 되며 도살할 양같이 여김을 받았나이다 함과 같으니라 그러나 이 모든 일에 우리를 사랑하시는 이로 말미암아 우리가 넉넉히 이기느니라” 말씀하신 것입니다.

초대교회 성도들은 기독교를 박해하는 사람들을 피해 깊은 땅 속에서 평생을 산다 해도, 사자밥이 되고 십자가에 못 박혀 죽거나 화형을 당한다 해도 오직 감사함으로 순교에 이르렀습니다. 그리하여 마침내 기독교가 로마의 국교가 됨은 물론, 전 세계로 전파될 수 있었습니다.

우리 교회에도 세상이 감당치 못하는 믿음을 소유한 성도가 많습니다. 교회가 여러 가지 시험을 만나고 세상으로부터 오해를 받아 어려움을 당할 때에도 담대히 전도하며 교회를 지켰습니다. 이러한 시련을 통해 오히려 믿음이 성장하니 갖가지 희한하고 기이한 하나님의 역사들을 늘 체험하고 있습니다. 또한 세상의 어떤 유혹에도 타협하지 않고 오직 말씀대로 살기 위해 힘쓰며 천국을 향해 달려가니 어찌 세상이 감당할 수 있겠습니까.

구름같이 둘러싼 허다한 증인들처럼

그러면 성도들이 이처럼 세상이 감당치 못할 만큼 큰 믿음으로 성장할 수 있었던 이유는 무엇일까요?

성경에 기록된 하나님 말씀을 믿으며 하나님께서 베풀어 주신 수많은 권능의 역사들을 보면서 하나님께서 우리 교회와 함께하심을 확신할 수 있었기 때문입니다. 하나님의 권능으로 각종 불치병, 난치병이 치료되고, 눈먼 사람이 보고, 말하지 못하던 사람이 말을 하고, 듣지 못하던 사람이 들었습니다. 걷지 못하던 사람이 휠체어와 목발을 버리고 걷고 뛰는 등 현대 과학과 의학으로도 어찌할 수 없는 수많은 질병과 연약함이 치료되었지요.

이러한 증인들이 우리 교회뿐만 아니라 전 세계에 무수히 있으니, 모든 세계가 하나님의 말씀으로 지어진 줄을 확실히 믿고 창조주 하나님께 의뢰하여 모든 인생의 문제들을 해결받아야겠습니다. 또한 영적 장수가 되기를 사모한다면 수많은 권능의 역사들을 통해 신속히 참마음과 온전한 믿음을 소유해야 합니다.

믿음이 있다 하는 분들도 과연 하나님에 대한 첫사랑과 처음 행위를 가지고 있는지 자신을 돌아보시기 바랍니다. 그리하여 하나님 앞에 막힌 죄의 담을 헐고 하나님의 역사를 구하면 반드시 믿음대로 역사해 주실 것입니다. 또한 하나님의 역사로 치료받고 응답받은 분들은 주님 오시는 날까지 결코 그 은혜를 잊지 말아야 합니다. 뿐만 아니라 하나님께서는 살아 계시며 성경 시대와 마찬가지로 오늘날도 동일하게 역사하신다는 사실을 하나님을 알지 못하는 수많은 영혼들에게 전해야 할 것입니다.

가장 중요한 것은 이제부터는 오직 하나님 말씀대로 사는 것입니다. 혹 응답이 더디다고 해서 하나님을 멀리하는 일은 결코 없어야 합니다. 우리가 교회에 다니면서 하나님 말씀을 듣고 기도하고 찬양하며 진리대로 살아가는 것은 우리의 본향인 아름다운 천국에 가기 위함입니다.

천국 소망 가운데 항상 진리 가운데 살면 하나님께서는 반드시 건강과 부요함의 복을 주시고 구하는 것마다 응답해 주십니다. 하나님 안에 거하며 진리 말씀대로 행하여 믿음이 자라는 만큼 응답과 축복이 임하는 것입니다. 요한복음 15장 7절에 “너희가 내 안에 거하고 내 말이 너희 안에 거하면 무엇이든지 원하는 대로 구하라 그리하면 이루리라” 하셨으니 오직 믿음으로 말씀 안에 거하여 항상 축복된 삶을 영위하시기를 주님의 이름으로 축원합니다.

이재록 목사 저서 안내

죽음 앞에서 영생을 맛보며/ 이재록 목사 간증 수기
멈추지 않는다
나의 삶 나의 신앙 ①, ②/ 이재록 목사 자서전
십자가의 도
믿음의 분량
천 국 (상 · 하)
지 옥
영혼육 (상 · 하)
사랑은 율법의 완성/ 사랑장
이 같은 것을 금지할 법이 없느니라/ 성령의 열매
주님의 자취 (상 · 하)/ 요한복음강해
고린도전서강해 (상 · 하)
하나님의 씨/ 요한일서강해
육의 사람 영의 사람 (상 · 하)/ 욥기강해
고백/ 영성이 깨어나는 시(詩) 100편
눈물/ 영성이 깨어나는 시(詩)
젖과 꿀이 흐르는 땅/ 가나안 정복사
일곱 교회/ 이상적인 교회 지침서
깨어라 이스라엘/ 마지막 때 이스라엘 예언서
신앙인의 기본
지혜/ 자기계발서
공부 잘하는 비결/ 자기 주도 학습법

성결과 권능 시리즈
(2주연속 특별 부흥성회 설교집)
죄와 의와 심판에 대하여/ 입문편 1
내가 시행하리니/ 입문편 2
의인은 믿음으로 살리라/ 입문편 3
와 보라! 살아 계신 하나님의 증거를/ 실천편 1
믿음으로 모든 세계가 하나님의 말씀으로 지어진 줄을 우리가 아나니/ 실천편 2
권 능/ 실천편 3
근본의 소리를 발하라/ 실천편 4
육과 영/ 핵심편 1
하나님의 선하신 뜻/ 핵심편 2
하나님은 빛이시라/ 핵심편 3
하나님은 사랑이시라/ 핵심편 4
네 영혼이 잘됨같이
하나님의 벗 아브라함/ 성경 인물 시리즈 1
나의 택한 야곱아 나의 벗 아브라함의 자손아/ 성경 인물 시리즈 2
하나님 언약의 통로 요셉/ 성경 인물 시리즈 3
엘리야를 너희에게 보내리니/ 성경 인물 시리즈 4
바라는 것들의 실상이요 보지 못하는 것들의 증거니/ 주제설교 모음 1_믿음편
내 이름으로 주시리라/ ... 2_응답편
신령과 진정으로 예배할 것은/ ... 3_예배편
시험에 들지 않게 깨어 기도하라/ ... 4_기도편
치료하는 여호와/ ... 5_치료편
하나님의 법도/ ... 6_십계명편
참된 복을 좇는 자/ ... 7_팔복편
거역된 삶과 순종의 삶/ ... 8_열재앙편
기이한 일
희한한 능
등불/ 칼럼 모음
지혜의 샘/ 잠언칼럼 모음
생명의 샘/ 베데스다 칼럼 모음
만화로 보는 지혜의 샘 (상 · 하)/
사명과 헌신/ 헌신예배 설교 모음 1
맡은 자의 구할 것은 충성/ ... 2
영원한 것을 위하여/ 방송설교집 1
겉옷을 내어 버리라/ ... 2
깊은 데로 가서 그물을 내리라/ ... 3
엿새 동안의 만나 (상 · 하)/ 설교자료, 구역공과
감추었던 만나 1
살아 계신 하나님의 증거들/ 성도 신앙 간증집
주 예수를 믿으라/ ... 2
나를 만나 주신 하나님/ ... 3
하나님은…!
내 삶의 등불/ 독후감 수상집
갈릴리여 꽃보다 붉은 사랑이여/ 성지순례 화보집
학습 세례 문답서

핸디북
사랑은 율법의 완성/ 사랑장
참된 복을 좇는 자/ 팔복
이 같은 것을 금지할 법이 없느니라/ 성령의 열매
예수 그리스도만이 우리의 구세주가 되십니다
십자가의 도
믿음에도 분량이 있습니다/ 믿음의 분량
천국 (상)

아동용(주니어 Bible Study)
믿음에도 분량이 있어요
하나님의 법도/ 십계명
성령의 열매를 맺어요
사랑은 율법의 완성 ①, ②
참된 복을 좇는 어린이 ①, ②
십자가의 도 ①, ②
선
공부 잘하는 비결
하늘문이 열리는 파워기도
출발! 아름다운 천국여행
7일간의 섭리

학생용(청소년 Bible Study)
젖과 꿀이 흐르는 땅 ①, ②
선
믿음의 분량
지혜와 명철
공부 잘하는 비결
주님의 자취 ①, ②
사람이 다스려야 하는 몸의 행실
십자가의 도 ①, ②
만나Time
하나님의 벗 아브라함
하나님 언약의 통로 요셉

유아 유치용(키즈 Bible Study)
공부야, 놀자!
나는 예수님 닮은 기도대장!
선

There Is No Law Against Such Things

이 같은 것을 금지할 법이 없느니라

그리스도인의 진정한 자유를 위한 신앙 여정의 이정표

성령의 아홉 가지 열매가 하나하나 맺히는 만큼 진리 안에서 진정한 자유를 누리며 새 예루살렘을 향하여 마음껏 비상의 날개를 펼치게 될 것입니다.

성결과 권능 시리즈 입문 편, 핵심 편, 실천 편!

2주연속 특별 부흥성회 설교집 개정판을 「**성결과 권능 시리즈**」로 발간하고 있습니다.

입문 편_죄와 의와 심판에 대하여
의인은 믿음으로 살리라
내가 시행하리니

실천 편_와 보라! 살아 계신 하나님의 증거를
믿음으로 모든 세계가 하나님의 말씀으로 지어진 줄을 우리가 아나니
권 능
근본의 소리를 발하라

성경의 각 분야를 풀어 주는 주제설교 모음

(1권~ 8권)

믿음 편 · 응답 편 · 예배 편 · 기도 편 · 치료 편
열재앙 편 · 팔복 편 · 십계명 편

주요 번/역/서

신앙 간증 수기 I

죽음 앞에서 영생을 맛보며

16개 언어로 출간

사망의 음침한 늪에서 하루아침에 다시 태어난
이재록 목사의 생생한 간증 수기

십자가의 도 전 세계인의 필독서

60개 언어로 출간

전 세계 무수한 영혼을 영적인 잠에서 깨우고
참 생명을 얻게 해준 감동의 메시지!
하나님의 참사랑이 이곳에 담겨 있다.

천 국(상) 수정같이 맑고 아름다운 곳

36개 언어로 출간

하나님의 영광 가운데 영원히 행복과 영화를 누릴
황홀한 천국 생활에 대해 생생하게 묘사한 그림 같은 메시지

천 국(하) 하나님의 영광이 드리운 곳

31개 언어로 출간

황홀한 황금보석 집에서 천사들의 수종을 받으며
세세토록 왕 노릇 하는 새 예루살렘,
그곳에서의 일들이 궁금하지 않으십니까?

지 옥 이제까지 밝혀지지 않았던 지옥의 참상

39개 언어로 출간

한 영혼도 지옥에 떨어지지 않기를 원하시는 하나님께서
온 인류에게 보내는 간절한 사랑의 메시지

믿음의 분량 믿음의 단계별 지침서

31개 언어로 출간

각 사람의 믿음에 따라 천국에서는 어떤 처소와 상급을 받을까?
현재 자신의 믿음의 분량을 측정해 볼 수 있게 하며,
믿음의 선진들처럼 최고의 분량에 이르는 길을
구체적으로 제시하고 있다.

치료하는 여호와

33개 언어로 출간

질병에 걸리지 않고 건강하게 살아가는 길,
상한 마음과 질병으로 인한 육체적 고통까지 다 치료하시는
능력의 하나님을 만나도록 이끌어줄 것이다.

깨어라! 이스라엘

마지막 때 숨겨진 하나님의 사랑과 비밀

16개 언어로 출간

간절히 메시아를 기다려 온 모든 유대인에게
하나님의 사랑을 깨닫게 하며,
마지막 때를 살아가는 온 인류에게 전하는 경고의 메시지!

믿음으로 모든 세계가
하나님의 말씀으로 지어진 줄을
우리가 아나니

초판 1쇄 발행 2002년 5월 11일
2판 1쇄 발행 2010년 7월 31일

지은이 이재록
발행인 빈성남
편집인 빈금선

발행처 우림북
영업부 02-837-7632, 070-8240-2072
팩 스 02-869-1537

등록번호 164-11-01027

값 9,000원

ISBN 978-89-7557-367-5
ISBN 978-89-7557-203-6(set)

우림

우림은 구약 시대에 대제사장이 하나님의 뜻을 묻기 위해 사용하던 판결 흉패이며,
히브리어로 '빛'이라는 의미가 있습니다(출애굽기 28:30).
빛은, 곧 하나님 말씀이며 생명입니다.
우림북은 온 누리에 참 빛을 비추고자 오늘도 기도와 정성으로 문서선교 사역에 앞장서고 있습니다.

www.ingramcontent.com/pod-product-compliance
Ingram Content Group UK Ltd.
Pitfield, Milton Keynes, MK11 3LW, UK
UKHW041845200726
13854UKWH00005BA/2174

9 788975 573675